Das große Buch der kleinen Cookies

HILAIRE WALDEN

Das große Buch der kleinen Cookies

Über 200 Rezepte für Cookies, Brownies, Kekse

BECHTERMÜNZ VERLAG

Erstveröffentlichung 1998 in Großbritannien durch Lorenz Books
Lorenz Books ist ein Imprintverlag von
Anness Publishing Limited
Originaltitel: The Great Big Cookie Book

Deutsche Erstausgabe

Produktion der deutschen Ausgabe:
Neumann & Nürnberger, Leipzig
Übersetzung: Dr. Beate Herting, Leipzig
Design: Siân Keogh, Axis Design
Illustration: Christos Chrysanthou, Axis Design
Umschlaggestaltung: Studio Höpfner-Thoma, München
Umschlagmotiv: Eclairs mit Buttercreme, © StockFood/S. & P. Eising
Gesamtherstellung: Johnson Editorial LTD, Bergamo
Printed in Italy

ISBN 3-8289-1023-8

Die Rezepte für dieses Buch wurden zur Verfügung gestellt von: Liz Trigg, Patricia Lousada, Carla Capalbo, Laura Washburn, Frances Cleary, Norma MacMillan, Christine France, Pamela Westland, Hilaire Walden, Elizabeth Wolf-Cohen, Janice Murfitt, Carole Handslip, Steven Wheeler, Katherine Richmond, Joanna Farrow, Judy Williams, Sue Maggs, Carole Clements, Jacqueline Clark, Sarah Maxwell, Sallie Morris, Lesley Mackley, Roz Denny, Sarah Gates, Norma Miller, Maxine Clark, Shirley Gill, Judy Jackson, Gilly Love, Janet Brinkworth, Ruby Le Bois, Elisabeth Lambert Ortiz, Sohelia Kimberley.

Fotos: Karl Adamson, Edward Allright, Steve Baxter, James Duncan, John Freeman, Michelle Garrett, Nelson Hargreaves, Amanda Heywood, David Jordan, Patrick McLeavey, Michael Michaels, Polly Wreford.

Inhalt

Einleitung

„Cookies" ist der traditionelle amerikanische Sammelbegriff für Kleingebäck (in Großbritannien spricht man von „biscuits"), der sich aber mittlerweile weltweit durchgesetzt hat und deshalb auch in diesem Buch verwendet wird.

Welchen Namen man auch verwendet, es geht immer um knuspriges Kleingebäck mit süßer oder herzhafter Note, das zum Knabbern geradezu einlädt; zu den süßen Naschereien kann man eine Tasse Kaffee oder Tee, Eiscreme oder ein anderes leichtes Dessert reichen, zu den herzhaften Bissen paßt ein Glas Bier oder Wein oder auch eine Suppe.

Das Wort „Cookie" geht auf das niederländische Wort *koekje* zurück, das „kleiner Kuchen" bedeutet. „Biscuit" stammt aus dem Französischen, dort heißt *bis cuit* „zweimal gebacken". Die Bezeichnung entstand zu jener Zeit, als die Bäcker Scheiben frischgebackenen Brotes ein zweites Mal in den Ofen legten. Die Scheiben trockneten völlig aus, und es entstand so etwas wie Zwieback. Das war im Grunde genommen eine Art der Haltbarmachung, da dieses Gebäck lange aufbewahrt werden konnte. Sogar so lange, daß man „Schiffszwieback" als Grundnahrungsmittel mit auf lange Seereisen nehmen konnte.

Lange Zeit war es auch bei den Hausfrauen üblich, Gebackenes ein zweites Mal zu trocknen. Erst zu Beginn des vergangenen Jahrhunderts verschwand dieser Brauch. Damals erhöhten sich Qualität und Vielfalt dessen, was zu Hause gebacken werden konnte, erheblich.

Selbstgemachte Cookies erfüllen Ihre Küche mit einem wundervollen Duft, wenn sie aus dem Ofen genommen werden. Es gibt einen großen Unterschied zwischen selbstgebackenen Cookies und jenen, die man in Supermärkten und Geschäften zu kaufen bekommt. Bei den abgepackten Massenprodukten wird in erster Linie auf Gewinn und lange Haltbarkeit geachtet. Sie sind in der Regel zu süß, enthalten Zusatzstoffe und sind in ihrem Charakter und Geschmack, vor allem aber in ihrer Reinheit, nicht mit den wohlschmeckenden Cookies aus der eigenen Küche vergleichbar. Denn wer selbst bäckt, kann darauf achten, nur beste Zutaten zu verwenden.

Die Liste der Cookies, die man zu Hause backen kann, ist schier unendlich. Man kann Rezepte ausprobieren, die im Laufe der Zeit weltweit zu Klassikern geworden und bei Erwachsenen, Teenagern und Kindern gleichermaßen populär sind.

In dieser umfangreichen Rezeptsammlung findet sich etwas für jeden Anlaß und jeden Geschmack, unabhängig davon, ob Sie reichhaltigem Schlemmergebäck oder dem traditionell Vollwertigen den Vorzug geben, ob das Gebackene herrlich knusprig oder eher handfest und solide sein soll, schön massiv oder zart und dünn, nussig oder schokoladig. Dieses Buch soll Sie dazu anregen, zu Fest- und Feiertagen und speziellen Anlässen Ihre Lieblings-Cookies zu backen, Ihre Freunde mit einer Geschenkbox selbstgebackener Leckereien zu überraschen, immer etwas Teig im Tiefkühlschrank zu haben, falls unerwarteter Besuch kommt.

▶ *Cookies sind nicht nur ein idealer Snack für jeden Tag oder ein Genuß für zu Hause. Hübsch verpackt können sie auch ein ganz besonderes Geschenk sein.*

Backtips & Techniken

Cookies können auf die verschiedenste Weise gebacken werden, so daß unterschiedlichen bäckerischen Fähigkeiten sowie den jeweils vorhandenen Zutaten und der zur Verfügung stehenden Zeit Rechnung getragen werden kann. Die meisten Cookies sind einfach zu backen, spezielle Fähigkeiten sind nur selten gefragt. Doch es ist so wie bei den meisten Sachen, wenn man genau weiß, wie es geht, kann man es schneller, unkomplizierter und mit mehr Spaß bewerkstelligen, und außerdem wird das Ganze von Erfolg gekrönt sein. Auf den folgenden Seiten mit Backtips und -techniken finden Sie alle Informationen, die Sie brauchen, um beim Backen immer aufs neue erfolgreich zu sein, und zwar mit minimalem Aufwand.

Sie finden Hinweise zu den jeweils geeignetsten Zutaten für Ihre Cookies, dazu praktische Tips für einfache, aber wichtige Arbeitsschritte, wie z.B. das genaue Abmessen. Es gibt detaillierte Anleitungen für alle Arten des Backens und Formens von Cookies, einschließlich der Herstellung von Spritzgebäck sowie der verschiedenen Methoden für das Zerlassen von Schokolade. Auch Verzierideen fehlen nicht, die aus Ihren Cookies wahre Schmuckstücke machen. Außerdem wird gezeigt, wie ein Spritztütchen aus Butterbrotpapier hergestellt werden kann.

Es folgen Empfehlungen zur Aufbewahrung des Gebäcks, damit es so lange wie möglich frisch bleibt. Und schließlich werden Anregungen gegeben, wie Cookies als hübsches Geschenk mit ganz persönlicher Note verpackt werden können.

Kleine Zutatenfibel

Die Zutaten für Cookies hat man in der Regel im Küchen- und Kühlschrank vorrätig.

Schokolade Kaufen Sie zum Backen immer hochwertige Schokolade mit mindestens 50% Kakaobestandteilen. Bitterschokolade verleiht den charakteristischen kräftigen Geschmack, während Vollmilchschokolade süßer ist. Weiße Schokolade enthält meist gar keine Kakaobestandteile und weist nicht den typischen Schokoladengeschmack auf. Sie wird schwer flüssig und auch schlecht wieder fest.

Trockenfrüchte Heutzutage werden Früchte meist bei künstlicher Wärme und nicht mehr an der Sonne getrocknet. Für bessere Haltbarkeit werden sie mit Schwefeldioxid behandelt. Manchmal werden sie auch mit Öl besprüht, damit sie glänzen und nicht aneinanderkleben. Achten Sie beim Kauf darauf, daß die Früchte mit Pflanzen- und nicht mit Mineralölen behandelt worden sind.

Eier Die Eier sollten Zimmertemperatur haben. Werden sie im Kühlschrank aufbewahrt, muß die benötigte Menge daher mindestens 30 Minuten vor der Verarbeitung herausgenommen werden.

Butter und Margarine Butter verleiht Cookies den besten Geschmack und sollte wann immer möglich verwendet werden, vor allem dann, wenn ein hoher Fettgehalt erwünscht ist, wie z.B. bei Shortbread. Sie kann aber auch durch Backmargarine ersetzt werden. Für Rührteig mit Zucker muß die Butter bzw. Margarine Zimmertemperatur haben und weich sein. Für Knetteig sollte sie nicht direkt aus dem Kühlschrank kommen und in kleine Stücke geschnitten werden.

Weiche Margarine kann nur verwendet werden, wenn der Teig nach der Alles-in-einem-Methode bereitet wird oder wenn das Fett zerlassen werden muß.

Mehl Das Mehl macht die Substanz des Gebäcks aus. Es sollte immer gesiebt werden. Das entfernt nicht nur Klümpchen, die heute allerdings kaum noch vorhanden sind, sondern durch die Luftzufuhr wird das Mehl lockerer und läßt sich somit leichter verarbeiten.

Backfertiges Mehl enthält bereits Triebmittel. Es wird für unkomplizierte Cookies verwendet, die gehen müssen.

Einfaches Mehl wird dann eingesetzt, wenn das Gebäck nicht gehen darf, wie z.B. Shortbread. Für reichhaltige und schwere Zubereitungen, die gehen müssen, werden einfaches Mehl und Backtriebmittel in der erforderlichen Menge verwendet.

Vollkornmehl gibt mehr Geschmack als weißes Mehl, es ist auch gesünder, allerdings wird das Gebäck fester. Wenn es besonders leicht und locker werden soll, ist zusätzliches Triebmittel erforderlich. Bei einigen Rezepten können Vollkorn- und weißes Mehl gemischt werden.

Kandierte Früchte Waschen Sie kandierte Früchte vor Gebrauch ab, um den sirupartigen Überzug zu beseitigen, und lassen Sie die Früchte gut abtrocknen.

Nüsse Nüsse werden ranzig, wenn sie zu lange, zu warm oder hell gelagert werden. Kaufen Sie immer nur so viel, wie Sie in 1-2 Monaten verbrauchen können. Bewahren Sie die Nüsse in einem luftdichten Behälter an einem kühlen, dunklen Ort auf.

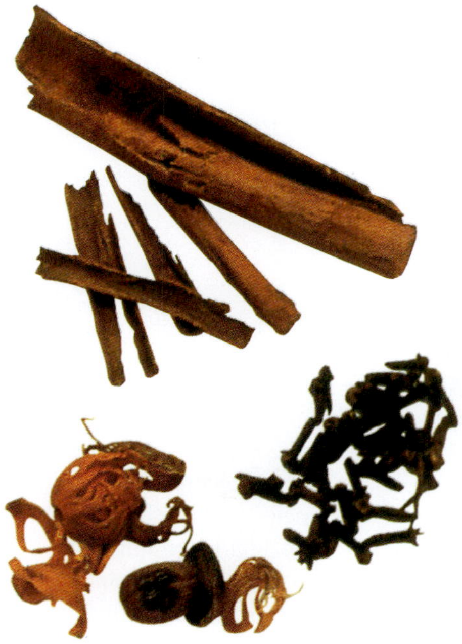

Gewürze Für Cookies eignen sich gemahlener Zimt, Ingwer, Muskat, Nelken und spezielle Back-Gewürzmischungen. Alle Gewürze sollten so frisch wie möglich sein und innerhalb einiger Monate aufgebraucht werden.

Honig Honig verleiht Cookies einen besonderen Geschmack. Er enthält 17 % Wasser, verwenden Sie deshalb etwas mehr Honig als Zucker und verringern Sie die Menge anderer Flüssigkeiten entsprechend. Verwenden Sie flüssigen Honig, da er sich besser verarbeiten läßt.

Zucker Für Rührteige ist am besten feinkörniger Zucker geeignet, da sich die Kristalle beim Verrühren mit dem Fett gut auflösen. Für Knetteige und für Rezepte, bei denen der Zucker zusammen mit dem Fett oder der Flüssigkeit erhitzt wird, bis er sich auflöst, ist auch grobkörnigerer Zucker verwendbar. Puderzucker ist in den Rezepten immer dann angegeben, wenn es auf ganz besonders schnelles Auflösen ankommt. Demerara-Rohrzucker kann verwendet werden, wenn der Zucker erhitzt und aufgelöst wird, bevor er mit den trockenen Zutaten vermischt wird. Hell- bzw. dunkelbrauner Zucker wird verwendet, wenn ein vollerer Geschmack oder eine kräftigere Farbe erzielt werden sollen.

Geräte und Hilfsmittel

Das Schöne am Backen von Cookies ist, daß man mit einem Minimum an Geräten auskommt.

Man kann eine ganze Menge Cookies herstellen, ohne dafür mehr zu benötigen als eine Mixschüssel, Hilfsmittel zum Abmessen und Abwiegen, einen Holzlöffel, ein Backblech und ein Kuchengitter. Und es ist auch gar nicht viel mehr nötig, um die Ausstattung zu komplettieren. Viele Geräte und Hilfsmittel gibt es in jedem Supermarkt.

Backbleche und -formen Wählen Sie qualitativ hochwertige stabile Produkte aus. Dünne Bleche und Formen werden mit der Zeit wellig. Sie erhitzen sich auch schneller und stärker, so daß das Gebäck zu schnell braun wird und eher anhaftet. Beschichtete Bleche und Formen müssen nicht eingefettet oder mit Backpapier ausgelegt werden, sie verhindern das Anhaften des Gebäcks und lassen sich leichter säubern.

Ausstechformen

Kaneelmesser Damit lassen sich Streifen aus der Schale von Zitrusfrüchten schneiden. Soll eine Frucht in Scheiben geschnitten werden, kann man vorher Streifen aus der Schale schneiden, um den Scheibenrand dekorativer aussehen zu lassen.

Ausstechformen Ausstechformen sind in vielen Größen und Motiven erhältlich, vom einfachen Kreis in verschiedenen Durchmessern über kleine Formen für petits fours und herzhafte Cocktail-Snacks bis hin zu Tieren, Herzen und Blumen. Auf jeden Fall müssen die Formen scharf sein, damit das Ausstechen in guter Qualität ermöglicht wird. Das wird am ehesten von Metallformen gewährleistet, bei Kunststofformen werden die Ränder oft gequetscht.

Wenn für eine gewünschte Form keine Ausstechform zur Hand ist, fertigt man eine Schablone an. Das ist ganz einfach.

Die gewünschte Form auf Butterbrotpapier oder Karton zeichnen und mit der Schere ausschneiden. Die Schablone auf den ausgerollten Teig legen und mit einem großen scharfen Messer am Rand entlangschneiden. Die ausgeschnittene Form mit einem Streichmesser o.ä. auf ein gefettetes Backblech legen.

Küchenmaschine

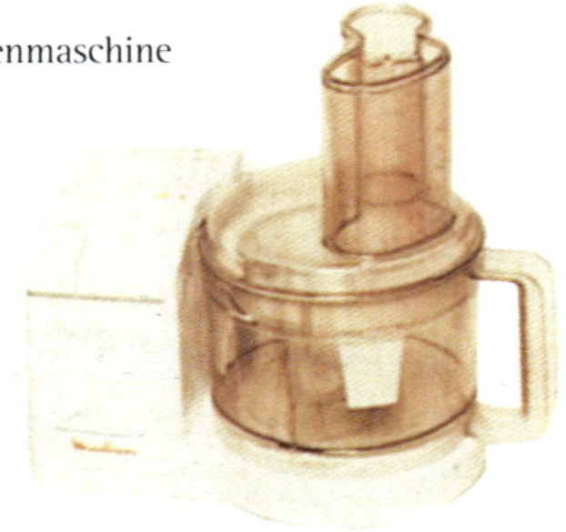

Küchenmaschine Mit einer Küchenmaschine spart man zwar Zeit, ihr Nachteil liegt aber gerade in der Geschwindigkeit. Sie arbeitet so schnell, daß man aufpassen muß, daß der Teig nicht zu stark durchmischt wird. In der Küchenmaschine werden die Zutaten nicht geschlagen, sondern nur zusammengerührt, daher ist sie für Rezepte, bei denen es auf Lockerheit ankommt, nicht geeignet, weil bei vielen Maschinen die Masse nicht richtig steif wird.

Messer

Messer Messer mit abgerundeter Klinge können zum Schneiden von Butter o.ä. vor dem Einkneten in den Teig benutzt werden. Große scharfe Messer werden benötigt, um ausgerollten oder gekühlten Teig zu schneiden. Streichmesser sind unverzichtbar, wenn es darum geht, Teig auf ein Blech zu streichen, ausgestochene Plätzchen auf das Blech oder fertig Gebackenes zum Abkühlen auf ein Kuchengitter zu legen. Sie eignen sich auch zum Verteilen von Glasur.

Meßlöffel

Meßlöffel Löffel in verschiedenen Größen werden benötigt, um Mengen wie 15 ml/1 EL, 5 ml/1 TL oder Bruchteile eines Teelöffels abzumessen. Falls nichts anderes angegeben ist, handelt es sich bei den Angaben in den Rezepten immer um gestrichene Löffel. Für Flüssigkeiten einen hitzebeständigen, möglichst durchsichtigen Meßbecher verwenden.

Gebäckpinsel

Gebäckpinsel Mit einem großen Pinsel kann nach dem Ausrollen von Teig überschüssiges Mehl von der Arbeitsfläche entfernt werden. Er kann auch zum Einfetten von Blechen und Formen verwendet werden. Auch zum Auftragen von Glasuren wird manchmal ein Pinsel benötigt.

Spritzbeutel und -tüllen

Spritzbeutel und -tüllen Ein mittelgroßer Spritzbeutel mit verschiedenen Tüllen wird für Spritzgebäck und die Verzierung fertiger Cookies verwendet. Wenn es auf zarte Linien ankommt, sollten Schokolade oder Glasuren in Einmal-Spritztütchen aus Papier gefüllt werden.

Nudelholz

Nudelholz Nudelhölzer aus Holz sind am gebräuchlichsten, mittlerweile gibt es sie aber auch aus Marmor oder Kunststoff. Diese Materialien gelten als hygienisch unbedenklicher.

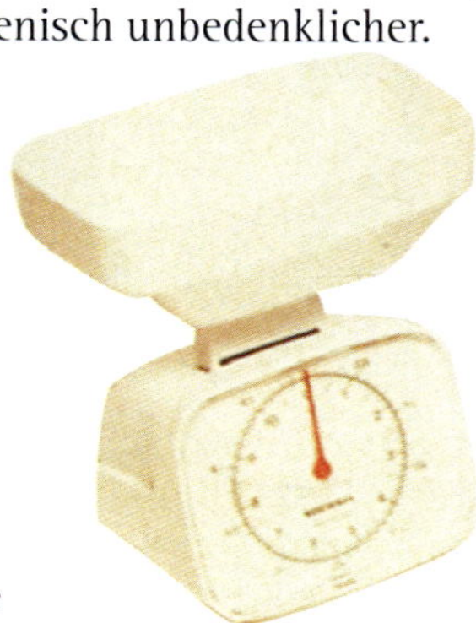

Waage

Waage Eine gute Küchenwaage ist eine Grundvoraussetzung für den Backerfolg. Ob Federwaage, moderne elektronische Waage oder traditionelle Waage mit Gewichten, die Waage sollte regelmäßig auf Genauigkeit geprüft werden. Dazu ein beliebiges Probestück mit aufgedrucktem Gewicht verwenden.

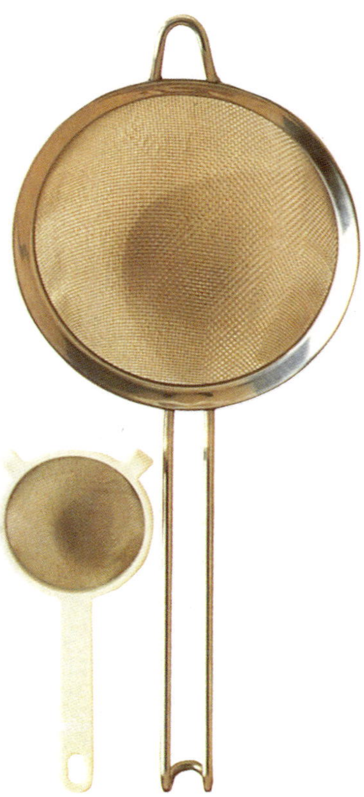

Siebe

Siebe Es sollten Siebe in zwei oder drei verschiedenen Größen vorhanden sein.

Spieße oder Stäbchen

Spieße der Stäbchen Mit beiden, ob aus Metall oder Holz, kann bei der Garprobe festgestellt werden, ob das Gebäck durchgebacken ist.

Teigschaber

Teigschaber Er sollte aus flexiblem Kunststoff sein, damit beim Ausleeren des Inhalts der Mixschüssel in die Form auch der letzte Teigrest erfaßt wird.

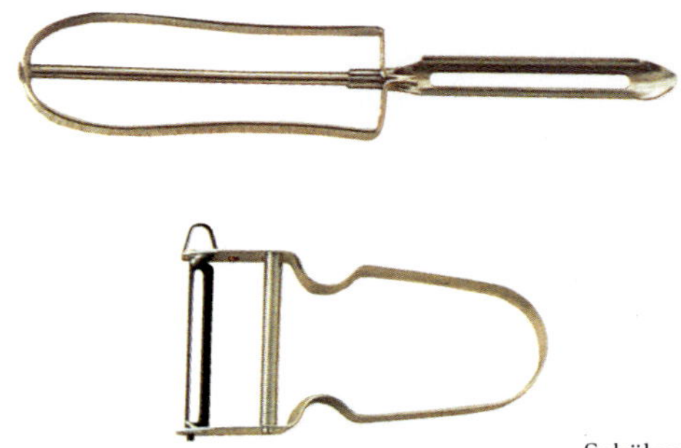

Schäler

Schäler Sie sind in all ihren Formen das geeignetste Werkzeug zum Schälen von Früchten.

Teesieb Ein Teesieb erweist sich als äußerst nützlich, wenn Gebäck vor dem Auftragen mit Puderzucker dekoriert werden soll.

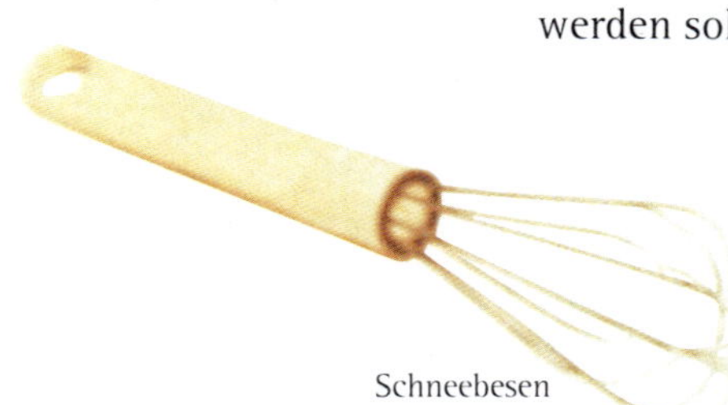

Schneebesen

Schneebesen Der Metallschneebesen kann zum Schlagen von Eiern auch durch ein Handmixgerät ersetzt werden. Es empfiehlt sich, Schneebesen in mindestens zwei Größen zur Hand zu haben.

Zitrusschäler

Zitrusschäler Hat die gleiche Funktion wie das Kaneelmesser, erzeugt aber sehr lange dünne Streifen von Orangen- oder Zitronenschale.

Das Abmessen von Zutaten

Bei langjähriger Back- oder Kocherfahrung muß man die Zutaten vielleicht nicht mehr abmessen. Wer aber erst anfängt oder ein Rezept zum ersten Mal ausprobiert, sollte dem Abmessen die notwendige Aufmerksamkeit schenken. In jedem Fall wird durch sorgfältiges Abmessen der Backerfolg gewährleistet.

1 Bei Flüssigkeitsangaben in Liter: Einen Meßbecher aus Glas oder durchsichtigem Kunststoff verwenden. Den Becher auf eine ebene Fläche stellen und die Flüssigkeit hineingießen. Prüfen, ob der Flüssigkeitsstand mit der entsprechenden Markierung übereinstimmt.

2 Bei Flüssigkeitsangaben in Löffeln: Die Flüssigkeit auf den Meßlöffel gießen, bis der Rand erreicht ist. Dann in die Mixschüssel geben. Den Löffel beim Abmessen nicht über die Schüssel halten, da immer etwas überlaufen kann.

3 Zum Abmessen trockener Zutaten mit einem Löffel: Die entsprechende Zutat auf den Löffel häufen. Mit einem Messerrücken in Höhe des Löffelrandes glattstreichen.

4 Bei Gramm-Angaben für trockene Zutaten: Zutat auf die Waage schütten oder löffeln, dabei die Anzeige genau im Auge behalten. Waagen mit Gewichten sind genauer als Federwaagen.

5 Zum Abmessen von Sirup: Die Mixschüssel auf die Waage stellen. Das angezeigte Gewicht notieren oder die Anzeige auf Null stellen. Dann die erforderliche Menge Sirup in die Schüssel geben.

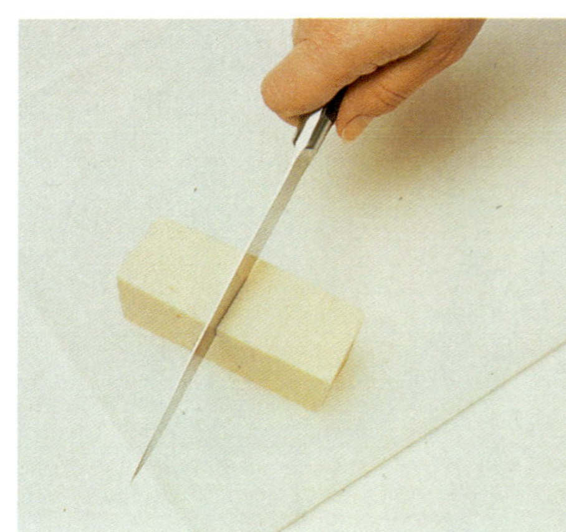

6 Zum Abmessen von Butter: Mit einem scharfen Messer ein Stück abschneiden und wiegen oder bei Markierungen auf der Verpackung an der entsprechenden Stelle abschneiden.

Knetteig für Cookies

Einfache Cookies werden in der Regel aus Knetteig hergestellt, bei dem das Fett in das Mehl geknetet wird. Dazu darf das Fett, sei es nun Butter, Margarine oder Schmalz, nicht zu warm, aber auch nicht steinhart aus dem Kühlschrank sein. Das Fett wird zunächst in kleine Stücke geschnitten und dann zu den trockenen Zutaten in eine Schüssel gegeben. Die Mischung wird mit der Hand durchgearbeitet.

1 Das Mehl in eine Schüssel sieben, dazu kommen Triebmittel, Salz, Zucker und Gewürze entsprechend der Rezeptur. Alles gut vermischen.

2 Die trockenen Zutaten untermischen, z.B. Haferflocken, Getreidesorten oder Kokosraspel. Die Butter- oder Margarinestücken dazugeben.

3 Die flüssigen Zutaten (Wasser, Sahne, Milch, Buttermilch oder geschlagenes Ei) über die Mischung verteilen.

4 Mit den Händen oder einer Gabel alles gründlich vermischen, bis die trockenen Zutaten gut durchfeuchtet sind und sich in der Mitte der Schüssel eine Kugel aus lockerem Teig bildet.

5 Den Teig zu einer festeren Kugel kneten. Sollte die Mischung zu trocken sein, etwas Wasser zugeben.

6 Den Teig auf eine leicht bemehlte Arbeitsfläche geben. Noch einmal ca. 30 Sekunden leicht durchkneten, damit sich alles gut vermischt. Die Teigkugel in Klarsichtfolie oder Butterbrotpapier wickeln und mindestens 30 Minuten im Kühlschrank ruhen lassen.

Rührteig für Cookies

Für Rührteig werden Fett und Zucker verrührt oder geschlagen, bevor die Eier und die trockenen Zutaten hinzugefügt werden. Das Fett (in der Regel Butter oder Margarine) sollte weich genug zum Verrühren sein. Es muß daher mindestens 30 Minuten vor der Verarbeitung aus dem Kühlschrank genommen werden. Die Eier sollten Zimmertemperatur haben.

1 Das Mehl mit dem Salz, dem Triebmittel und anderen trockenen Zutaten, wie z.B. Kakao oder Gewürze, in eine Schüssel sieben und beiseite stellen.

2 Das Fett in eine große, tiefe Schüssel geben und mit einem Elektro-Mixgerät auf mittlerer Stufe oder einem Holzlöffel so lange schlagen, bis es eine weiche cremige Masse bildet.

3 Nach und nach den Zucker dazugeben und mit dem Mixgerät auf mittlerer oder hoher Stufe oder einem Holzlöffel unter das Fett rühren, bis die Mischung hell und locker ist. Der Zucker muß vollständig eingearbeitet werden.

5 Die trockenen Zutaten hinzufügen und mit dem Mixgerät auf niedriger Stufe oder einem großen Metallöffel locker unterrühren.

6 Wird für das Rezept Flüssigkeit benötigt, diese in kleinen Mengen und im Wechsel mit den trockenen Zutaten zur Mischung geben.

7 Wenn erforderlich, Eiweiß in einem Extra-Gefäß schaumig schlagen, Zucker dazugeben und weiterschlagen, bis die Masse steif ist. Zum Teig dazugeben und vorsichtig unterheben.

4 Die Eier oder Eigelb einzeln hinzufügen und jedesmal gut verrühren. Alles gründlich vermischen und nichts an Schüsselboden und -wänden kleben lassen. Wenn die Mischung zu zäh ist, einen Eßlöffel des abgemessenen Mehls dazugeben.

8 Den Teig in eine vorbereitete Backform geben und nach Anweisung backen.

Die Alles-in-einem-Methode

Einige Cookies kann man mit einer einfachen Alles-in-einem-Methode herstellen, bei der alle Zutaten zusammen in die Schüssel gegeben und dann gut vermischt werden. Auch die Küchenmaschine ist einsetzbar, dabei jedoch darauf achten, daß nicht zu lange und zu stark gerührt wird. Bei einer verfeinerten Variante dieser Methode werden die Eier getrennt und zunächst nur die Eigelb in die Mischung gegeben. Die Eiweiß werden geschlagen und untergehoben. Wichtig ist, daß weiche Margarine verwendet wird.

1 Das Mehl und andere trockene Zutaten wie Triebmittel, Salz und Gewürze in eine Schüssel sieben.

2 Die restlichen Zutaten wie Eier, zerlassenes oder weiches Fett, Milch oder Fruchtsaft dazugeben und alles mit dem Mixgerät zu einer weichen Masse verrühren. In eine Form geben und je nach Rezeptur backen.

Teig ausrollen und Plätzchen ausstechen

Teig, der ausgerollt werden soll, muß die richtige Konsistenz haben; wenn er zu trocken ist, krümelt und reißt er und läßt sich nicht gut ausrollen. Ist er zu naß, klebt er beim Ausrollen, und die Plätzchen laufen beim Backen breit.

1 Nach dem Mischen der Zutaten den Teig leicht zu einer Kugel kneten. In Klarsichtfolie oder Butterbrotpapier einwickeln und eine Stunde im Kühlschrank oder 30 Minuten im Gefrierschrank ruhen lassen. Die Teigkugel mit dem Nudelholz flachdrücken und bis zur gewünschten Dicke den Teig ausrollen.

2 Teig, der fest genug zum Ausrollen ist, kann mit dem Messer in Quadrate, Rechtecke, Dreiecke oder Streifen geschnitten werden. Für runde oder andere Formen können Ausstechformen benutzt werden. Um das Anhaften des Teigs zu verhindern, die Arbeitsfläche und das Nudelholz vor dem Ausrollen großzügig mit Mehl oder Zucker bestreuen (je nach Rezept).

3 Die in Mehl getauchte Ausstechform möglichst nah am Teigrand aufsetzen und das Plätzchen ausstechen. Dazu die Form immer so nah an die schon vorhandenen Löcher heransetzen wie möglich. Die Plätzchen vorsichtig auf das vorbereitete Backblech setzen. Wenn im Rezept vorgesehen, mit geschlagenem Ei bestreichen und mit Nüssen, Kernen oder Käse bestreuen.

Häufchen-Cookies

1 Häufchen-Cookies können aus verschiedenen Teigmischungen hergestellt werden, geeignet sind aber vor allem grobe Mischungen, die nicht gespritzt werden können. Diese Cookies sind ganz einfach zu formen; mit einem oder zwei Teelöffeln werden kleine Teighäufchen auf das Backblech gesetzt.

2 Zwischen den Cookies genügend Platz lassen, da sie beim Backen breitlaufen. Bei sehr festen Mischungen die Teighäufchen mit der Rückseite eines Teelöffels oder einer Gabel leicht breitdrücken und auf ausreichenden Abstand zwischen den Häufchen auf dem Blech achten.

Tuiles & Zigaretten

Zarte, zerbrechliche Häufchen-Cookies, wie z.B. Tuiles d'amandes und Weinbrand-Röllchen, können eine echte Herausforderung sein. Die Teigmischung dafür ist besonders dünn, und schon ein Eßlöffel Mehl oder Flüssigkeit zuviel oder zuwenig kann über Erfolg oder Mißerfolg entscheiden.

1 Den Teig löffelweise zu Kugeln formen und diese in Abständen von 2,5 bis 5 cm auf das vorbereitete Backblech setzen. Mit einem Löffel flachdrücken.

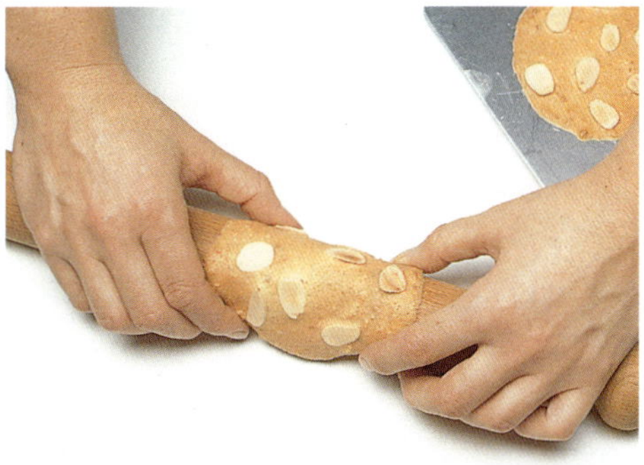

2 Die Cookies backen, bis sie goldgelb sind. Die halbrunde Form der Tuiles erhält man mit Hilfe eines Nudelholzes, für Zigaretten die Cookies um den Stiel eines Holzlöffels wickeln.

Handgeformte Cookies

Teig, der zum Ausrollen zu schwer ist, kann mit der Hand geformt werden. Je nach Rezept werden die Hände dazu mit Wasser angefeuchtet oder leicht mit Mehl eingerieben. Auch Zucker oder Kakao können verwendet werden.

1 Walnußgroße Teigportionen zwischen den Handflächen zu Kugeln rollen. Diese auf das Backblech setzen, dabei ausreichende Abstände einhalten.

2 Die Kugeln flachdrücken, dazu die angefeuchtete Rückseite einer Gabel benutzen. Die Zinken sorgen für ein hübsches Muster. Die Kugeln können auch mit dem leicht gefetteten und in Zucker getauchten Boden eines Glases flachgedrückt werden.

„Kühlschrank-Cookies“

Dieser Name deutet darauf hin, daß der Teig kräftig gekühlt werden muß, bevor er in Scheiben geschnitten werden kann, die dann entweder gebacken oder gleich serviert werden, und daß er vor dem Backen bis zu einer Woche im Kühlschrank aufbewahrt werden kann. Der Teig kann auch eingefroren werden. Wird er unmittelbar nach Entnahme aus dem Gefrierschrank weiterverarbeitet, ist ein gutes, scharfes Messer notwendig.

„Kühlschrank-Cookies" sind einfach in der Herstellung, da die gekühlten Teigrollen fest sind und sich gut schneiden lassen. Sie sind auch zeitsparend, da man von der Rolle immer nur so viele Scheiben abschneiden kann, wie man gerade benötigt. Damit eine saubere Schnittfläche entsteht, das Messer ab und zu anfeuchten.

Von der Dicke der Scheiben hängt der Charakter des Gebäcks ab, sehr dünne Scheiben ergeben zarte Knusper-Cookies; dicke Scheiben werden zu massiveren Cookies. Die Scheiben im Abstand von 2,5 cm auf das Blech setzen, das oft nicht eingefettet wird.

1 Butter und Zucker schlagen, bis eine locker-schaumige Masse entsteht. Das Mehl in drei Portionen zugeben, dabei jedesmal sorgfältig umrühren.

2 Alle anderen Zutaten hinzufügen und vorsichtig unterrühren. Den Teig halbieren und jedes Teil zu einer Rolle von ca. 5 cm Durchmesser formen. In Butterbrotpapier einwickeln und über Nacht kühlen. Den Ofen auf 190 °C vorheizen. Zwei Backbleche leicht einfetten.

3 Die Teigrollen in ca. 3 mm dicke Scheiben schneiden. Auf den gefetteten Blechen ca. 10 Minuten backen, bis sich die Ränder goldgelb färben. Zum Abkühlen auf ein Kuchengitter legen.

Spritzgebäck

Der Teig für Spritzgebäck muß so weich sein, daß er gespritzt werden kann. Andererseits darf er auch nicht zu dünn sein, ansonsten läuft er breit und die Cookies verlieren die Form. Erforderlich ist ein Spritzbeutel in der passenden Größe, dazu eine große Tülle in einfacher oder Sternenform, das hängt vom gewünschten Effekt ab (die Sternentülle ergibt natürlich dekorativere Cookies). Die Tülle wird in die Spitze des Beutels gesetzt, beide Teile müssen dicht verbunden sein, damit von der Spritzmasse nichts nach außen dringen kann.

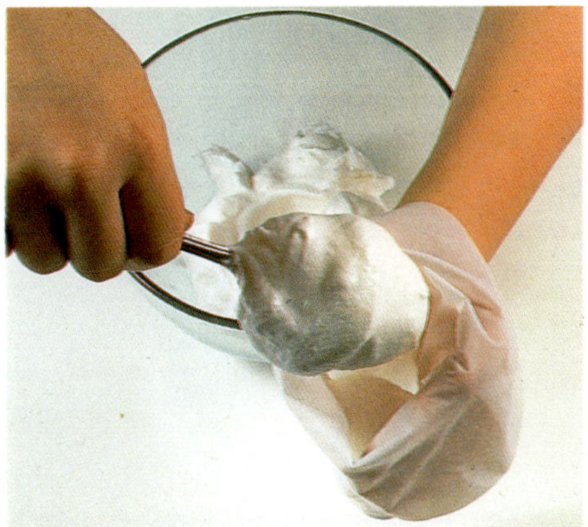

1 Den Beutel in eine Hand nehmen und einen breiten Rand umschlagen oder in ein hohes Glas stellen. Den Teig einfüllen, dabei den Löffel oder Teigschaber über die Hand oder die Glaswand ziehen. Wenn der Beutel zur Hälfte gefüllt ist, oben so weit zusammendrehen, bis keine Luft mehr im Beutel ist.

2 Das zusammengedrehte Beutelende mit einer Hand fest umfassen, die andere Hand führt die Tülle. Kräftig und kontinuierlich drücken, um den Spritzvorgang zu starten. Entscheidend ist, mit dem Druck nicht nachzulassen, bis die gewünschte Form gespritzt ist. Der Teig muß gleichmäßig aus der Tülle kommen.

3 Ist die gewünschte Form gespritzt, nicht länger Druck ausüben. Die Tülle leicht nach unten drücken und dann schnell anheben.

4 Für Kringel, Rosetten und Sterne den Beutel senkrecht halten. Sollen gerade Formen gespritzt werden, den Beutel schräg halten.

Die Anfertigung eines Spritztütchens

Spritztütchen aus Butterbrotpapier sind ideal, wenn nur eine kleine Glasurmenge oder Glasur in zwei oder mehr verschiedenen Farben verarbeitet werden soll. Sie eignen sich für alle Arten von Glasur. Für einfache schmucklose Linien kann die Tüte ohne Tülle verwendet werden, sie kann aber auch mit Tüllen jeder Größe ausgestattet werden. Am besten fertigt man immer gleich mehrere dieser Tüten auf einmal an.

1 Aus Butterbrotpapier guter Qualität ein Quadrat mit 25 cm Seitenlänge schneiden. In der Diagonale zu einem Dreieck falten.

2 Die kurze Seite des Dreiecks in Richtung des rechten Winkels umschlagen, so daß Ecke auf Ecke trifft und ein Kegel entsteht.

3 Den Papierkegel mit einer Hand zusammenhalten und den überstehenden Teil des Dreiecks darum legen.

4 Die Spitze nach innen umschlagen, um der Tüte Stabilität zu geben. Die Spitze kann auch noch mit Klebeband gesichert werden. Die Glasur einfüllen und die Spitze der Tüte gerade abschneiden.

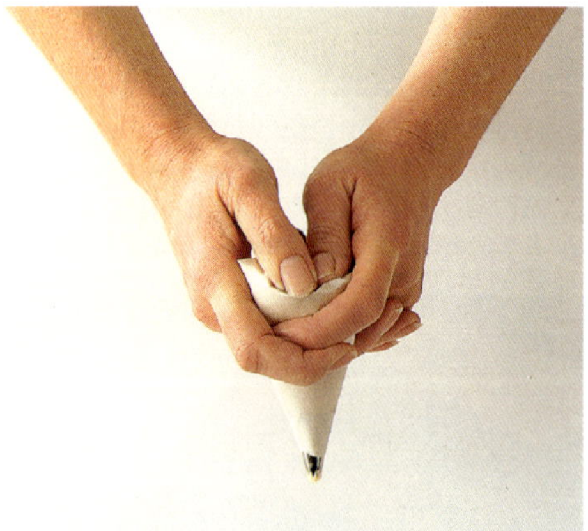

5 Wird eine Tülle verwendet, zunächst die Spitze abschneiden und die Tülle durch die Öffnung stecken, dabei auf straffen Sitz achten. Dann die Glasur einfüllen.

Tip Wird die Tüte für Spritzgebäck benutzt, darf sie nicht zu weit gefüllt werden. Es ist besser, sie ab und zu vorsichtig zu öffnen und nachzufüllen. Darauf achten, daß die Tüte nicht reißt oder auseinandergeht. Die gefüllte Tüte kann in einem Folienbeutel einige Stunden aufbewahrt werden.

Das Glasieren von Gebäck

Es ist ganz leicht, aus einfachen Cookies regelrechte Schmuckstücke zu machen, sei es für einen Kindergeburtstag oder als Geschenk für einen Erwachsenen. Man braucht nichts weiter als etwas Glasur, und man muß nicht einmal unbedingt zur Spritztüte greifen. Es ist aber auch gar nicht so schwierig, Glasur aufzuspritzen. Dazu muß man kein Experte sein, es werden nur kleine Flächen glasiert, und es macht gar nichts, wenn die Linien einmal aus der Reihe tanzen.

Mit einem Streichmesser ist es ganz einfach, die Cookie-Oberseiten mit einer Glasur zu versehen.

Ebenso leicht lassen sich Cookies verzieren, wenn man sie einfach in die Glasurmasse taucht.

Eine unkomplizierte, aber dekorative Verzierung erhält man durch das Aufspritzen von kontrastfarbener Glasur in engen Zick-Zack-Linien über die gesamte Oberseite. Es können aber auch nur wenige kurze Linien gespritzt werden, um Cookies den letzten Pfiff zu geben.

Man kann auch einen kleinen Teil des Teigs färben und vor dem Backen auf die Cookies spritzen, so daß die Verzierung einbäckt.

Eiweiß-Glasur Diese fettlose Glasur wird mit Eiweiß verdünnt und ergibt eine dünne glänzende Oberfläche.

1 EL leicht geschlagenes Eiweiß
1 EL Zitronensaft
75–115 g Puderzucker
Eiweiß und Zitronensaft in einer Schüssel vermischen. Nach und nach den Puderzucker zugeben und unterrühren, bis die Masse geschmeidig ist. Sie sollte die Konsistenz von Schlagsahne haben und an der Rückseite eines Löffels haften.

Verzierungen mit Schablonen

Diese Methode des Dekorierens macht sehr viel Spaß. Es gibt keinerlei Regeln, und man kann mit den verschiedensten Schablonen experimentieren. Aus Karton kleine Bilder oder Initialien ausschneiden und die Schablone auf das Gebäckstück legen. Die Öffnungen mit Puderzucker, Zucker oder Kakao bestreuen, dann die Schablone vorsichtig abnehmen.

Das Zerlassen von Schokolade

Schokolade immer langsam zerlassen, zu starke Wärmezufuhr verdirbt Geschmack und Konsistenz. Die Temperatur sollte bei Bitterschokolade nicht höher als 49 Grad steigen, bei Vollmilch- und weißer Schokolade nicht höher als 43 Grad. Die Schokoladenmasse darf nicht mit Wasser oder Dampf in Berührung kommen, da sie dadurch verhärtet. Das gleiche gilt für Kondensflüssigkeit, das Gefäß daher nach dem Zerlassen nicht zudecken.

Zerlassen in einem Topf mit Einsatz

1 Den Topf zu etwa einem Viertel mit Wasser füllen. Den dazugehörigen Einsatz oder eine feuerfeste Schüssel daraufsetzen. Das Wasser darf den Einsatz nicht berühren. Das Wasser bis kurz vor dem Siedepunkt erhitzen, dann die Wärmezufuhr auf die niedrigste Stufe stellen.

2 Die in Stücke geschnittene oder gebrochene Schokolade in den Einsatz geben und unter Umrühren vollständig zerlassen. Das Wasser die ganze Zeit über leicht köcheln lassen.

▲ **Zerlassen in der Mikrowelle** Die Schokolade in Stücke schneiden oder brechen und in eine mikrowellenfeste Schüssel geben. Erhitzen, bis die Schokolade weich ist. Dabei öfter nachschauen, daß die Schokolade nicht anbrennt und ihre Form beibehält.

Bei einer Mikrowelle mit 650–700 Watt kann man sich an den folgenden Zeiten für das Zerlassen von Bitter- oder Vollmilchschokolade orientieren: 115 g in 2 Minuten auf höchster Stufe (100 % Leistung), 220–225 g in 3 Minuten auf höchster Stufe (100 % Leistung), 115 g weiße Schokolade in 2 Minuten auf mittlerer Stufe (50 % Leistung).

◀ **Zerlassen bei direkter Wärmezufuhr** Diese Methode nur dann anwenden, wenn die Schokolade in reichlich Flüssigkeit, z.B. Milch oder Sahne, zerlassen wird. Die in Stücke geschnittene oder gebrochene Schokolade in einen Topf geben. Die Flüssigkeit dazugeben, unter gelegentlichem Umrühren langsam erhitzen, bis die Schokolade sich in der Flüssigkeit aufgelöst hat und die Masse cremig ist.

Die Aufbewahrung von Cookies

Cookies sollten immer vollständig abgekühlt sein, bevor man sie wegpackt. Knuspriges Gebäck wird bei längerer Aufbewahrung oft weich, während weiche Cookies austrocknen und härter werden können. Der Schlüssel zur richtigen Aufbewahrung ist ein luftdichter Behälter. Das kann ein Glas oder eine Dose mit einem dichtschließenden Deckel sein, ebenso eine Kühlschrankdose aus Kunststoff. Wer nicht sicher ist, ob der Deckel auch wirklich dicht schließt, sollte die Cookies vorher in einen Folienbeutel einschweißen oder die Öffnung mit Klarsichtfolie abdecken, bevor der Deckel aufgesetzt wird.

▲ **Glasbehälter** In Gläsern mit luftdicht schließenden Stöpseln, Korken oder Schraubdeckeln bleibt das Gebäck sichtbar. Diese Behälter gibt es in z.T. sehr schönen Formen und Farben in Haushaltwarengeschäften.

▶ **Metalldosen** Metalldosen sind hervorragend zur Aufbewahrung von Gebäck geeignet. Sie sind luftdicht, und es gibt sie in unzähligen Formen und Farben. Wählen Sie beim Einkauf etwas ausgefallenere Dosen aus.

Geschenkverpackungen

Cookies können ein wunderschönes Geschenk sein, umso mehr, wenn Sie der Verpackung genauso große Aufmerksamkeit schenken wie dem Inhalt.

▶ **Verpackungsmaterialien** Seit einiger Zeit wird immer mehr Wert auf hübsche Geschenkverpackungen gelegt. Und es ist ganz einfach, selbstgemachte kleine Geschenke zu Hause attraktiv zu verpacken. Präsente mit dem ganz persönlichen Touch verschenkt bekommt man gern.

Verpackungsmaterialien wie Papier, Bänder, Schachteln und andere Behälter, Etiketten und Karten bekommt man in Spezialgeschäften in großer Auswahl. Wählen Sie für Ihre Geschenke auch einmal eine unkonventionelle Verpackung, die den Früchten ihrer Arbeit den richtigen Rahmen gibt. Halten Sie auch auf Flohmärkten und in Bastel- und Antiquitätengeschäften Ausschau nach originellen Behältern.

▲ **Schachteln** Man findet die unterschiedlichsten Größen, Farben und Muster in Schreibwaren- und Geschenkläden sowie Kaufhäusern. Wird Ihr Gebäck schnell verschenkt und gegessen, dann ist eine mit Servietten ausgelegte Schachtel erste Wahl.

▲ **Beutel** Papier- und Stoffbeutel eignen sich für Cookies, die bald nach dem Backen verschenkt und gegessen werden. Es gibt sie in verschiedenen Größen, oft mit passendem Geschenkanhänger. Mit etwas Gold- und Silberfarbe kann man aber auch aus einer einfachen braunen Papiertüte ein Schmuckstück zaubern. Diese hier wurde zusätzlich mit drei am Band befestigten Pralinen und auf der Vorderseite mit vergoldeten Hortensienblüten verziert.

▲ **Zellophan** Schlicht, aber wirkungsvoll: die Cookies werden stapelweise in Zellophan gepackt und mit Schnur oder Band verschnürt. Aber Zellophan ergibt auch zusammen mit Behältern der verschiedensten Art und Form eine effektvolle Verpackung. Soll es etwas ganz Besonderes sein, kann man die Cookies in ein hübsches Gefäß legen, mit Zellophan bedecken und mit einem Band zubinden.

▲ Eine hübsche Verpackung ist der Punkt aufs i; damit wird Selbstgebackenes zu einem ganz besonderen Geschenk.

▶ **Geschenkkarten und -anhänger** Sie gibt es oft passend zum Papier oder zur Schachtel zu kaufen. Man kann Anhänger aber auch selbst anfertigen, indem man z.B. eine Zeichenkarton-Silhouette auf einer Seite mit dem gewählten Geschenkpapier beklebt, eine Ecke locht und ein Band durchzieht. Die Auswahl an Geschenkband ist schier unerschöpflich, und selbst ein schlichtes Band ist oft der wirkungsvollste Schmuck eines Geschenks.

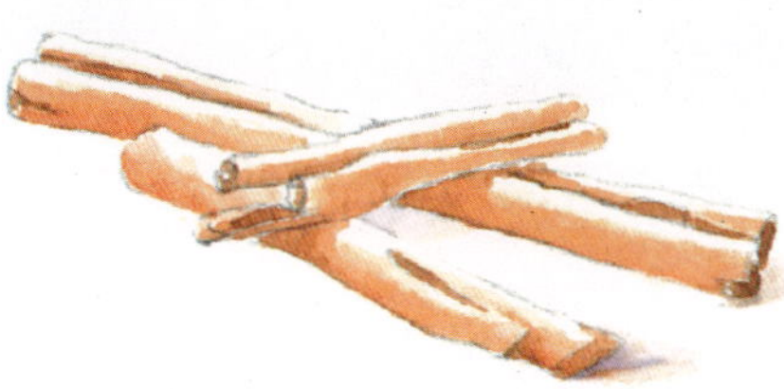

Traditionelle Cookies

Snickerdoodles, Zarte Momente, Ingwerplätzchen, Tollhouse Cookies oder Schottisches Shortbread – das sind nicht nur irgendwelche Kekse; diese Cookies sind ein wesentlicher Bestandteil der nationalen Küche eines Landes, ja sogar seines nationalen Erbes. Schon als Kind kennt, ißt und liebt man sie, und wenn man sich später daran macht, sie selbst zu backen, kann das viele Erinnerungen wecken.

Die traditionellen Cookies wurden schon von ganzen Familien- und Bäckergenerationen gebacken, die dabei für gewöhnlich auf Produkte aus der Umgebung zurückgriffen, so z.B. bei den Bretonischen Butterplätzchen oder beim Haferkuchen aus Schottland. Die Zutaten sind nicht teuer und täglich verfügbar, die Zubereitung unkompliziert.

Cookies lassen sich in der Regel gut aufbewahren; wenn sie an Frische oder Knusprigkeit verloren haben, kann man sie bei mäßiger Hitze (ca. 160 °C) etwa drei Minuten lang aufbacken.

Es ist keine schlechte Idee, eine größere Menge Cookie-Teig zuzubereiten und einiges davon einzufrieren - ob als Teigkugel oder schon fertig geformt hängt davon ab, wieviel Platz vorhanden ist. So können Sie bei Bedarf schnell einige Cookies backen. Es ist aber auch möglich, Cookies nach dem Backen einzufrieren, dann müssen sie aber nach dem Auftauen bei mäßiger Hitze etwa drei Minuten aufgebacken werden.

Granola-Cookies

Für 18 Stück

ZUTATEN

115 g Butter oder Margarine
75 g hellbrauner Zucker
75 g Erdnußbutter mit Knusperstückchen
1 Ei
50 g Mehl
½ TL Backpulver
½ TL gemahlener Zimt
1 Prise Salz
225 g Müsli
50 g Rosinen
50 g gehackte Walnüsse

1 Den Ofen auf 180 °C vorheizen. Ein Backblech einfetten. Die Butter bzw. Margarine in eine Schüssel geben.

2 Butter bzw. Margarine und Zucker mit dem Mixgerät zu einer lockeren schaumigen Masse schlagen. Die Erdnußbutter und das Ei unterrühren.

3 Mehl, Backpulver, Zimt und Salz über die Erdnußbuttermasse sieben und unterrühren. Müsli, Rosinen und Walnüsse unterheben. Probieren, ob noch mehr Zucker zugegeben werden muß, da Müslis unterschiedlich süß sind.

4 Den Teig eßlöffelweise auf das vorbereitete Blech geben. Dabei nach allen Seiten 2,5 cm Abstand einhalten. Die Häufchen mit der Löffelrückseite flachdrücken, so daß Kreise entstehen.

5 Ca. 15 Minuten backen, bis die Cookies etwas Farbe angenommen haben. Zum Abkühlen auf ein Kuchengitter legen.

Knusprige Hafer-Cookies

Für 14 Stück

ZUTATEN

175 g Butter oder Margarine
125 g feinkörniger Zucker
1 Eigelb
175 g Mehl
1 TL Natron
1 Prise Salz
40 g Haferflocken
40 g Nugget-Cerealien (Pops oder Smacks)

Der Begriff „Cerealien“ hat hier die Bedeutung von „Getreide“.

Variation Für nussige Hafer-Cookies die Cerealien durch die gleiche Menge gehackte Wal- oder Pekannüsse ersetzen. An der Zubereitung ändert sich nichts.

1 Butter bzw. Margarine und Zucker mit dem Mixgerät zu einer lockeren schaumigen Masse schlagen. Das Eigelb unterrühren.

2 Mehl, Natron und Salz darübersieben und in die Buttermasse rühren. Haferflocken und Cerealien untermischen. Mindestens 20 Minuten kalt stellen.

3 Den Ofen auf 190 °C vorheizen. Ein Backblech einfetten. Den Boden eines Glases in Mehl tauchen.

4 Den Teig zu Kugeln formen. Die Kugeln auf das vorbereitete Blech setzen und mit dem Glasboden flachdrücken.

5 10-12 Minuten goldgelb backen. Auf ein Kuchengitter legen und vollständig auskühlen lassen.

Kokos-Hafer-Cookies

Für 18 Stück

ZUTATEN

175 g zarte Haferflocken
75 g geriebene frische Kokosnuß
225 g Butter oder Margarine mit Zimmertemperatur
115 g grobkörniger Zucker
40 g dunkelbrauner Zucker
2 Eier
4 EL Milch
1½ TL Vanillearoma
115 g Mehl
½ TL Natron
1 Prise Salz
1 TL gemahlener Zimt

1 Den Ofen auf 200 °C vorheizen. Zwei Backbleche leicht einfetten. Den Boden eines Glases einfetten und in Zucker tauchen.

2 Haferflocken und Kokosnußraspel auf einem ungefetteten Backblech ausbreiten. 8-10 Minuten hellbraun rösten, dabei ab und zu umrühren. Butter bzw. Margarine und beide Sorten Zucker mit dem Mixgerät zu einer lockeren schaumigen Masse schlagen.

3 Die Eier einzeln dazugeben und unterrühren, dann Milch und Vanillearoma hinzufügen. Die trockenen Zutaten über die Masse sieben und unterheben, dann Haferflocken und Kokosnußraspel einrühren.

4 Den Teig löffelweise auf das vorbereitete Blech geben, dabei jeweils 2,5 cm Abstand einhalten. Die Häufchen mit dem Glas flachdrücken. 8-10 Minuten backen. Zum Abkühlen auf ein Kuchengitter legen.

Crunchy Jumbles

Für 36 Stück

ZUTATEN

115 g Butter oder Margarine mit Zimmertemperatur
225 g Zucker
1 Ei
1 TL Vanillearoma
175 g Mehl
½ TL Natron
1 Prise Salz
115 g Reis-Crispies
1 Tasse Schokoladen-Chips

Variation Noch knuspriger werden diese Cookies, wenn zu den Crispies und Schokoladen-Chips noch ½ Tasse grob gehackte Walnüsse gegeben wird.

1 Den Ofen auf 180 °C vorheizen. Zwei Backbleche leicht einfetten.

2 Butter bzw. Margarine und Zucker mit dem Mixgerät zu einer lockeren schaumigen Masse schlagen. Ei und Vanillearoma unterrühren. Mehl, Natron und Salz darübersieben.

3 Crispies und Schokoladen-Chips dazugeben. Alles gründlich durchrühren.

4 Den Teig löffelweise auf die Backbleche geben, dabei jeweils 2,5 cm Abstand einhalten. 10-12 Minuten goldgelb backen. Zum Abkühlen auf ein Kuchengitter legen.

Malz-Crisps

Dieses Gebäck ist extra-knusprig und ideal zum Morgenkaffee.

Für 18 Stück

ZUTATEN

175 g Haferflocken
75 g hellbrauner Rohrzucker
1 Ei
4 EL Sonnenblumenöl
2 EL Malzextrakt

1 Den Ofen auf 190 °C vorheizen. Zwei Backbleche leicht einfetten. Haferflocken und braunen Zucker in einer Schüssel mischen, dabei alle Klumpen im Zucker zerdrücken. Ei, Sonnenblumenöl und Malzextrakt dazugeben, alles gut mischen und 15 Minuten durchziehen lassen. Mit einem Teelöffel Teighäufchen auf die Bleche setzen, dabei auf ausreichend Abstand achten.

2 Die Häufchen mit der Rückseite einer angefeuchteten Gabel auf ca. 7 cm Durchmesser breitdrücken.

3 10-15 Minuten goldbraun backen. 1 Minute abkühlen lassen, dann mit einem Streichmesser zum völligen Abkühlen auf ein Kuchengitter legen.

Variation Diese Knusper-Kekse werden etwas gröber in der Struktur, wenn man extra-große Haferflocken verwendet.

Shortbread

Für 8 Stück

ZUTATEN

175 g Butter
115 g feinkörniger Zucker
150 g Mehl
50 g Reismehl
½ TL Backpulver
1 Prise Salz

1 Den Ofen auf 160 °C vorheizen. Eine flache Backform von 20 cm Durchmesser einfetten.

2 Butter und Zucker mit dem Mixgerät zu einer lockeren schaumigen Masse schlagen. Mehl, Reismehl, Backpulver und Salz darübersieben und gut unterrühren.

3 Den Teig in die vorbereitete Form füllen. Die Oberfläche mit der Rückseite eines Löffels glätten. Die Teigplatte mit einer Gabel einstechen und acht gleichgroße Stücke markieren.

4 40-45 Minuten backen. In der Form lassen, bis diese soweit abgekühlt ist, daß sie angefaßt werden kann. Shortbread aus der Form nehmen und an den Markierungen in Stücke schneiden, solange es noch warm ist.

Variation Wer mag, kann der zerlassenen Butter 1 TL gemahlenen Ingwer zusetzen.

Haferkuchen

Für 8 Stück

ZUTATEN

50 g Butter
1 ½ EL Sirup
50 g dunkelbrauner Zucker
175 g Haferflocken
1 Prise Salz

1 Den Ofen auf 180 °C vorheizen. Eine flache Backform von 20 cm Durchmesser mit Butterbrotpapier auslegen und das Papier einfetten.

2 Butter, Sirup und Zucker in einen Topf geben und bei schwacher Hitze unter Rühren zerlassen.

3 Den Topf vom Feuer nehmen und Haferflocken und Salz dazugeben. Alles gut umrühren.

4 Die Mischung in die vorbereitete Form löffeln und die Oberfläche glätten. 20-25 Minuten goldbraun backen. In der Form lassen, bis diese soweit abgekühlt ist, daß sie angefaßt werden kann. Aus der Form nehmen und in acht gleichgroße Stücke schneiden, solange der Kuchen noch warm ist.

Zarte Momente

Diese knusprig-leichten Cookies zergehen regelrecht auf der Zunge.

Für 16-20 Stück

ZUTATEN

40 g Butter oder Margarine
65 g Schmalz
75 g feinkörniger Zucker
½ geschlagenes Ei
einige Tropfen Vanille- oder Mandelaroma
150 g backfertiges Mehl (mit Triebmittel)
Haferflocken
4-5 kandierte Kirschen

1 Den Ofen auf 180 °C vorheizen. Zwei Backbleche einfetten. Butter bzw. Margarine, Schmalz und Zucker cremig rühren, dann nach und nach Ei und Vanille- oder Mandelaroma untermischen.
Das Mehl in die geschlagene Masse geben und alles gut vermischen.

2 Aus dem Teig mit den Händen 16-20 kleine Kugeln formen.

3 Die Haferflocken auf einem Bogen Butterbrotpapier ausbreiten und die Kugeln darin wälzen.

4 Die Teigkugeln mit etwas Abstand auf die vorbereiteten Bleche setzen. Die kandierten Kirschen vierteln und jede Kugel mit einem Stück Kirsche verzieren. 15-20 Minuten backen, bis das Gebäck leicht gebräunt ist. Einige Minuten abkühlen lassen.

Aprikosen-Joghurt-Cookies

Diese weichen Cookies sind schnell gemacht und sind auch als Pausen-Snack beliebt.

Für 16 Stück

ZUTATEN

175 g Mehl
1 TL Backpulver
1 TL gemahlener Zimt
75 g Haferflocken
75 g hellbrauner Rohrzucker
115 g verzehrfertige getrocknete Aprikosen
1 EL gehobelte Haselnüsse oder Mandeln
150 g Joghurt naturell
3 El Sonnenblumenöl
Demerara-Zucker zum Bestreuen

1 Den Ofen auf 190 °C vorheizen. Ein großes Backblech leicht einölen.

2 Mehl, Backpulver und Zimt zusammen sieben. Haferflocken, Zucker, Nüsse sowie die kleingeschnittenen Aprikosen untermischen.

Unser Tip Diese Cookies halten sich nicht lange, man sollte sie rasch aufbrauchen oder bis zu vier Monaten im Folienbeutel einfrieren.

3 Joghurt und Öl verrühren, dann zur Mehlmischung geben und gründlich zu einem festen Teig verrühren. Wenn nötig, noch etwas Joghurt zugeben. Mit den Händen ca. 16 kleine Kugeln formen.

4 Kugeln auf das vorbereitete Blech setzen und mit einer Gabel flachdrücken. Mit Demerara-Zucker bestreuen. 15-20 Minuten backen, bis die Cookies goldbraun und fest sind. Auf einem Kuchengitter abkühlen lassen.

Apfelmus-Cookies

Diese Cookies mit Apfelgeschmack werden von Kindern sehr gern gegessen.

Für 36 Stück

ZUTATEN

450 g zum Kochen geeignete Äpfel
3 EL Wasser
115 g feinkörniger Zucker
115 g Butter oder Margarine
115 g Mehl
½ TL Backpulver
¼ TL Natron
1 Prise Salz
½ TL gemahlener Zimt
50 g gehackte Walnüsse

1 Die Äpfel schälen, vom Kerngehäuse befreien und kleinschneiden. Die Stücke mit dem Wasser in einen Topf geben und zugedeckt bei mäßiger Hitze weichkochen. Etwas abkühlen lassen und in einem Mixer oder durch ein Sieb pürieren. 175 ml bzw. eine ½ Tasse abmessen.

2 Den Ofen auf 190 °C vorheizen. Ein Backblech einfetten. Die Butter bzw. Margarine und den Zucker in einer mittelgroßen Schüssel schaumig schlagen, dann das Apfelmus unterrühren.

3 Mehl, Backpulver, Natron, Salz und Zimt über die Mischung sieben und unterrühren. Die gehackten Walnüsse unterheben.

4 Den Teig teelöffelweise auf das vorbereitete Blech geben, dabei jeweils 5 cm Abstand einhalten.

5 8-10 Minuten goldbraun backen. Auf einem Kuchengitter abkühlen lassen.

Unser Tip Wenn das Apfelmus zu flüssig ist, vor dem Abmessen der benötigten Menge in ein Sieb geben und über einer Schüssel ca. 10 Minuten abtropfen lassen.

Haselnuß-Cookies mit Schoko-Chips

Die nussige Variante der beliebten Schoko-Chip-Cookies.

Für 36 Stück

ZUTATEN

115 g Mehl
1 TL Backpulver
1 Prise Salz
75 g Butter oder Margarine
115 g feinkörniger Zucker
50 g hellbrauner Zucker
1 Ei
1 TL Vanillearoma
125 g Schokoladen-Chips
50 g gehackte Haselnüsse

1 Den Ofen auf 180 °C vorheizen. 2-3 Backbleche einfetten. Mehl, Backpulver und Salz in eine kleine Schüssel sieben und beiseite stellen.

2 Butter bzw. Margarine und die beiden Sorten Zucker mit dem Mixgerät schaumig schlagen. Ei und Vanillearoma einrühren. Die Mehlmischung dazugeben und alles mit dem Mixgerät auf niedriger Stufe gut durchmischen.

3 Mit einem Holzlöffel die Schokoladenchips und die Hälfte der Haselnüsse unterrühren.

4 Den Teig teelöffelweise auf die Bleche geben, dabei jeweils 5 cm Abstand einhalten. Die Häufchen sollten einen Durchmesser von 2 cm haben.

5 Die Häufchen mit einer angefeuchteten Gabel flachdrücken. Die restlichen Haselnüsse auf die Cookies streuen und leicht andrücken.

6 10-12 Minuten goldgelb backen. Auf einem Kuchengitter abkühlen lassen.

Haferkekse mit Schoko-Chips

Für 60 Stück

ZUTATEN

115 g Mehl
½ TL Natron
½ TL Backpulver
1 Prise Salz
115 g Butter oder Margarine
115 g feinkörniger Zucker
90 g hellbrauner Zucker
1 Ei
½ TL Vanillearoma
75 g Haferflocken
175 g Bitterschokoladen-Chips

1 Den Ofen auf 180 °C vorheizen. 3-4 Backbleche einfetten.

2 Mehl, Natron, Backpulver und Salz in eine Schüssel sieben und beiseite stellen.

3 Die Butter bzw. Margarine und die beiden Sorten Zucker mit dem Mixgerät verrühren. Ei und Vanillearoma hinzugeben und die Masse schaumig schlagen.

4 Die Mehlmischung dazugeben und alles auf niedriger Stufe gründlich vermischen. Haferflocken und Schokoladen-Chips unterrühren. Der Teig sollte leicht krümelig sein.

5 Jeweils einen gehäuften Teelöffel Teig auf das Blech setzen, zwischen den Häufchen 2,5 cm Abstand einhalten. Ca. 15 Minuten backen. Die Kekse sollen am Rand fest, in der Mitte aber noch weich sein. Mit einem Bratenwender oder Streichmesser zum Abkühlen auf ein Kuchengitter legen.

Mexikanische Mandelplätzchen

Diese leichten Knusperplätzchen sind die ideale Ergänzung zu einer Tasse starken Kaffees.

Für 24 Stück

ZUTATEN

115 g Mehl
175 g Puderzucker
1 Prise Salz
50 g feingehackte Mandeln
½ TL Vanillearoma
115 g Butter
Puderzucker zum Bestäuben

Variation Anstelle der Mandeln kann man auch Nüsse verwenden, z.B. Wal-, Erd- oder Pekannüsse.

1 Den Ofen auf 180 °C vorheizen. Mehl, Puderzucker und Salz in eine Schüssel sieben. Die Mandeln dazugeben und gut mischen. Das Vanillearoma unterrühren.

2 Die Butter mit der Hand einkneten. Den Teig zu einer Kugel formen.

3 Den Teig auf einer leicht bemehlten Arbeitsfläche ca. 3 mm dick ausrollen. Mit einer runden Form etwa 24 Plätzchen ausstechen. Die Reste zusammenkneten und neu ausrollen.

4 Die Plätzchen auf ein beschichtetes Backblech setzen und 30 Minuten braun backen. Auf einem Kuchengitter abkühlen lassen, dann dick mit Puderzucker bestäuben.

Erdnußbutterplätzchen

Soll es extra-knusprig sein, zusätzlich 50 g gehackte Erdnüsse zur Erdnußbutter geben.

Für 24 Stück

ZUTATEN

115 g Mehl
1/2 TL Natron
1 Prise Salz
115 g Butter
125 g hellbrauner Zucker
1 Ei
1 TL Vanillearoma
225 g Erdnußbutter mit Knusperstückchen

1 Mehl, Natron und Salz sieben und beiseite stellen.

2 Butter und Zucker mit dem Mixgerät schaumig schlagen.

3 In einer anderen Schüssel Ei und Vanillearoma mischen und unter die Buttermischung rühren.

4 Die Erdnußbutter dazugeben und gründlich unterrühren. Dann die trockenen Zutaten daruntermischen. Mindestens 30 Minuten kühl stellen.

5 Den Ofen auf 180 °C vorheizen. Zwei Backbleche einfetten.

6 Den festen Teig teelöffelweise zu Kugeln formen.

7 Die Kugeln auf die vorbereiteten Bleche setzen. Mit einer Gabel zu Plätzchen von ca. 6 cm Durchmesser flachdrücken und ein Karomuster eindrücken. 12-15 Minuten backen, bis die Plätzchen etwas Farbe angenommen haben. Abkühlen lassen.

Tollhouse Cookies

Für 24 Stück

ZUTATEN

115 g Butter oder Margarine
50 g grobkörniger Zucker
75 g dunkelbrauner Zucker
1 Ei
1/2 TL Vanillearoma
125 g Mehl
1/2 TL Natron
1 Prise Salz
175 g Schokoladen-Chips
50 g gehackte Walnüsse

1 Den Ofen auf 180 °C vorheizen. Zwei Backbleche einfetten.

2 Butter bzw. Margarine und die beiden Sorten Zucker mit dem Mixgerät schaumig schlagen.

3 In einer anderen Schüssel Ei und Vanillearoma mischen, dann nach und nach unter die Buttermischung rühren. Mehl, Natron und Salz darübersieben und unterrühren.

4 Schokoladen-Chips und Walnüsse dazugeben und alles gut vermischen.

5 Jeweils einen gehäuften Teelöffel Teig auf das vorbereitete Blech setzen, zwischen den Cookies 5 cm Abstand einhalten. 10-15 Minuten backen, bis sie etwas Farbe angenommen haben. Abkühlen lassen.

Snickerdoodles

Für 30 Stück

ZUTATEN

115 g Butter
115 g feinkörniger Zucker
1 TL Vanillearoma
2 Eier
50 ml Milch
400 g Mehl
1 TL Natron
50 g feingehackte Wal- oder Pekannüsse
Für den Überzug
5 EL Zucker
2 EL gemahlener Zimt

1 Die Butter mit dem Mixgerät cremig schlagen. Zucker und Vanillearoma dazugeben und alles zu einer lockeren Masse schlagen. Die Eier und danach die Milch unterrühren.

2 Mehl und Natron über die Buttermischung sieben und unterrühren. Die Nüsse unterheben. Für 15 Minuten in den Kühlschrank stellen. Den Ofen auf 190 °C vorheizen. Zwei Backbleche einfetten.

3 Für den Überzug Zucker und Zimt mischen. Den Teig eßlöffelweise zu walnußgroßen Kugeln formen. Die Kugeln in der Zuckermischung wälzen.

4 Die Teigkugeln im Abstand von 5 cm auf das vorbereitete Blech setzen und leicht flachdrücken. Ca. 10 Minuten goldgelb backen. Auf einem Kuchengitter abkühlen lassen.

Schokoladen-Cookies

Für 18 Stück

ZUTATEN

4 Eiweiß
300 g Puderzucker
115 g Kakaopulver
2 EL Mehl
1 TL Instant-Kaffeepulver
1 EL Wasser
115 g feingehackte Walnüsse

1 Den Ofen auf 180 °C vorheizen. Zwei Backbleche mit Butterbrotpapier auslegen und das Papier gut einfetten.

Variation Zusammen mit den gehackten Walnüssen 75 g Schokoladen-Chips zur Mischung geben.

2 Die Eiweiß mit dem Mixgerät schaumig schlagen.

3 Zucker, Kakao, Mehl und Kaffeepulver über die Eiweißmasse sieben. Das Wasser hinzugeben und alles auf niedriger Stufe weiterschlagen. Dann das Mixgerät einige Minuten auf hoher Stufe laufen lassen, bis die Masse dicker wird. Die Walnüsse unterheben.

4 Die Mischung löffelweise in großzügigen Portionen auf die vorbereiteten Bleche geben, dabei einen Abstand von jeweils 2,5 cm einhalten. 12-15 Minuten backen, bis die Cookies außen fest und rissig sind. Innen müssen sie jedoch noch weich sein. Mit einem breiten Messer auf ein Kuchengitter legen und abkühlen lassen.

Buttermilchplätzchen

Für 15 Stück

ZUTATEN

175 g Mehl
1 Prise Salz
1 TL Backpulver
½ TL Natron
50 g kalte Butter oder Margarine
175 ml Buttermilch

1 Den Ofen auf 220 Grad vorheizen. Ein Backblech einfetten.

2 Das Mehl mit dem Backpulver, Salz und Natron in eine Schüssel sieben. Die Butter bzw. Margarine einkneten, bis die Masse grob-krümelig ist.

3 Langsam die Buttermilch dazugeben, die Mischung dabei mit einer Gabel umrühren, bis ein weicher Teig entsteht.

4 Den Teig ca. 1 cm dick ausrollen und mit einer runden Form (5 cm) 15 Plätzchen ausstechen.

5 Die Plätzchen auf das Blech setzen und 12–15 Minuten backen, bis sie goldgelb sind. Warm oder mit Zimmertemperatur servieren.

Backpulver-Cookies

Zur Abrundung einer Mahlzeit oder als Nachmittagssnack mit Früchten.

Für 8 Stück

ZUTATEN

165 g Mehl
2 EL Zucker
1 TL Backpulver
1 Prise Salz
40 g kalte Butter
120 ml Milch

Variation Für Beeren-Törtchen die noch warmen Cookies quer durchschneiden. Eine Hälfte mit Butter bestreichen und mit leicht gezuckerten frischen Beeren, z. B. Erdbeeren, Himbeeren oder Blaubeeren, belegen. Die andere Hälfte daraufsetzen. Mit Schlagsahne servieren.

1 Den Ofen auf 220 Grad vorheizen. Ein Backblech einfetten. Mehl, Zucker, Backpulver und Salz in eine Schüssel sieben.

2 Die in Stücke geschnittene Butter einkneten, bis die Masse grob-krümelig ist. Die Milch dazugeben und mit einer Gabel umrühren, bis ein weicher Teig entsteht.

3 Den Teig ca. 5 mm dick ausrollen und mit einer Form (6 cm Durchmesser) Kreise ausstechen.

4 Auf das vorbereitete Blech setzen und ca. 12 Minuten goldgelb backen. Heiß oder warm servieren, als kleine Mahlzeit mit Butter bestreichen. Zum Tee oder Kaffee mit Butter und Konfitüre oder Honig reichen.

Traditionelle Zuckerplätzchen

Für 36 Stück

ZUTATEN

350 g Mehl
1 TL Natron
2 TL Backpulver
½ TL geriebene Muskatnuß
115 g Butter oder Margarine
225 g feinkörniger Zucker
½ TL Vanillearoma
1 Ei
½ Tasse Milch
bunten Zucker oder Demerara-Zucker zum Bestreuen

1 Mehl, Natron, Backpulver und Muskat in eine kleine Schüssel sieben und beiseite stellen.

2 Butter bzw. Margarine, Zucker und Vanillearoma mit dem Mixgerät zu einer lockeren hellen Masse schlagen. Das Ei dazugeben und nochmals schlagen.

3 Abwechselnd Milch und Mehlmischung dazugeben und alles zu einem weichen Teig verarbeiten. In Folie einwickeln, ½ Stunden kalt stellen.

4 Den Ofen auf 180 °C vorheizen. Den Teig auf einer leicht bemehlten Arbeitsfläche auf 3 mm ausrollen. Mit in Mehl getauchten Formen Kreise oder andere Motive ausstechen.

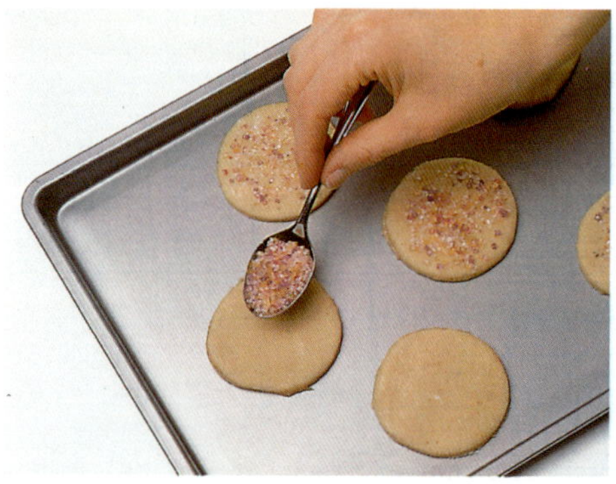

5 Die Plätzchen auf ungefettete Backbleche legen. Mit Zucker bestreuen. 10-12 Minuten goldbraun backen. Auf einem Kuchengitter abkühlen lassen.

Bretonische Butterplätzchen

Diese Plätzchen ähneln dem Shortbread, sind aber gehaltvoller. Traditionell werden sie mit leicht gesalzener Butter hergestellt.

Für 18–20 Stück

ZUTATEN

6 Eigelb
1 EL Milch
250 g Mehl
175 g feinkörniger Zucker
200 g Butter

1 Den Ofen auf 180 °C vorheizen. Ein schweres Backblech mit Butter einfetten. Zum Bestreichen 1 EL der leicht geschlagenen Eigelb mit der Milch vermischen.

2 Das Mehl in eine Schüssel sieben. Eigelb, Zucker und Butter dazugeben.

3 Alles zu einer cremigen Masse verarbeiten und etwas Mehl hinzufügen, bis ein klebriger Teig entsteht.

4 Den Teig mit bemehlten Händen flachklopfen und -drücken, bis er 5 mm dick ist. Mit einer Form von 7,5 cm Durchmesser Kreise ausstechen. Die Plätzchen auf das Blech legen und mit der Eigelb-Milch-Mischung bestreichen. Mit einem Messerrücken ein Gittermuster zeichnen.

5 Ca. 12-15 Minuten goldgelb backen. Das Blech auf ein Kuchengitter stellen und 15 Minuten abkühlen lassen, dann die Plätzchen vom Blech auf das Gitter legen.

Unser Tip Für einen großen Bretonischen Butterkuchen den Teig mit bemehlten Händen in eine Springform (23 cm) drücken. Mit Eigelb-Milch-Mischung bestreichen und ein Gittermuster markieren. 45 Minuten bis 1 Stunde backen, bis der Kuchen fest und goldbraun ist.

Toffee-Cookies

Für 36 Stück

ZUTATEN

175 g Butter
200 g Instant-Hafermehl
115 g hellbrauner Zucker
120 ml Sirup
2 EL Vanillearoma
1 große Prise Salz
175 g Bitterschokolade
40 g gehackte Walnüsse

1 Den Ofen auf 200 °C vorheizen. Eine viereckige Form (37,5 x 25 cm) einfetten.

2 Die zerlassene Butter mit Hafermehl, Zucker, Sirup, Vanillearoma und Salz gut vermischen und die Masse in die vorbereitete Form streichen. Ca. 15-18 Minuten backen, bis der Teig braun ist und Blasen wirft.

3 Aus dem Ofen nehmen und sofort mit der geriebenen Schokolade bestreuen. 10 Minuten stehen lassen, dann die zerlaufene Schokolade über den Teig streichen. Die Nüsse darüberstreuen. Auf einem Kuchengitter abkühlen lassen und in quadratische Stücke schneiden.

Rosenwasser-Blättchen

Diese zart-knusprige Leckerei ist im Handumdrehen gebacken.

Für 60 Stück

ZUTATEN

225 g leicht gesalzene Butter
225 g feinkörniger Zucker
1 Ei
1 EL Kondensmilch
300 g Mehl
1 Prise Salz
1 TL Backpulver
1 EL Rosenwasser
Feinkörniger Zucker zum Bestreuen

1 Den Ofen auf 190 °C vorheizen. Zwei Backbleche mit Backpapier auslegen.

2 Die Butter zerdrücken und mit allen anderen Zutaten zu einem festen Teig verarbeiten. Den Teig zu einer gleichmäßigen Rolle formen und in Butterbrotpapier einwickeln. So lange kühlen, bis er sich in sehr dünne Scheiben schneiden läßt. Das dauert 1-1½ Stunden.

3 Die dünnen Scheiben auf die vorbereiteten Bleche legen. Dabei ausreichend Abstand lassen, da sie beim Backen breitlaufen. Mit etwas Zucker bestreuen und ca. 10 Minuten backen, bis die Ränder braun werden.

Schottisches Shortbread

Dieses knusprig-leichte Gebäck sieht besonders schön aus, wenn es mittels einer Form hergestellt wird. Man kann es aber auch mit der Hand formen.

Für 2 große oder 8 Einzelstücke

ZUTATEN

175 g Mehl
50 g Maisstärke
50 g feinkörniger Zucker, dazu etwas zum Bestreuen
115 g Butter

1 Den Ofen auf 160 °C vorheizen. Die Form mit Mehl ausstäuben und ein Backblech mit Backpapier auslegen. Mehl, Maisstärke und Zucker in eine Mixschüssel sieben. Die in kleine Stücke geschnittene Butter dazugeben und die Masse zu einem weichen Teig kneten.

2 Den Teig in die Form hineindrücken. Die Form auf das Backblech stürzen und fest daraufschlagen, so daß das geformte Teigstück herausfällt. 35-40 Minuten backen, bis das Shortbread hell-goldgelb ist.

3 Das Shortbread mit etwas Zucker bestreuen und auf dem Blech abkühlen lassen. In Schottland wird in Zellophan oder einer hübschen Schachtel verpacktes Shortbread traditionell zu Hogmanay (Silvester) verschenkt.

Spanische Churros

Für 24 Stück

ZUTATEN

250 ml Wasser
1 EL grobkörniger Zucker und Zucker zum Bestreuen
1 Prise Salz
175 g Mehl
1 Ei
Öl zum Ausbacken
½ Zitrone oder Limette

Unser Tip Zum Formen der Churros kann auch ein Trichter verwendet werden. Die schmale Öffnung zuhalten, Teig einfüllen und in kleinen Portionen in das Fritierbad gleiten lassen.

1 Wasser, Zucker und Salz zum Kochen bringen. Vom Feuer nehmen, das Mehl dazugeben und alles zu einer cremigen Masse schlagen.

2 Das Ei mit einem Holzlöffel unterrühren. Schlagen, bis die Mischung seidig-weich ist. Beiseite stellen.

3 Das Öl in den Fritiertopf geben (ca. 5 cm hoch). Die Zitrone bzw. Limette hineingeben und das Öl auf 190 °C erhitzen. Die richtige Temperatur ist erreicht, wenn ein Würfel Brot vom Vortag in 30-60 Sekunden braun wird.

4 Den Teig in einen Spritzbeutel mit geriffelter Tülle füllen. 7,5 cm lange Stücke spritzen und jeweils einige in das Fritierbad geben. 3-4 Minuten goldbraun ausbacken.

5 Die Churros mit einem Schaumlöffel aus dem Fritierbad heben und auf Küchenpapier abtropfen lassen. Die noch warmen Churros in körnigem Zucker wälzen und zu einer Tasse heißer Schokolade servieren.

Goldene Kissen

Für 30 Stück

ZUTATEN

225 g Mehl
1 EL Backpulver
1 Prise Salz
2 EL Schmalz oder Margarine
175 ml Wasser
Maisöl zum Ausbacken
Sirup oder Honig zum Servieren

Unser Tip Wie die Kissen serviert werden, bleibt ganz Ihrer Fantasie überlassen. Man kann sie mit Zucker und Zimt bestreuen oder Sirup mit Rumgeschmack dazu reichen.

1 Mehl, Backpulver und Salz in eine große Schüssel geben. Schmalz bzw. Margarine leicht einkneten, bis die Mischung grobkrumig ist.

2 Langsam das Wasser dazugießen und mit einer Gabel umrühren, bis die Masse einen weichen Teig bildet.

3 Den Teig zu einer Kugel formen und auf einer leicht bemehlten Arbeitsfläche noch einmal sanft durchkneten. Dünn zu einem Rechteck von ca. 46 x 35 cm ausrollen. Mit einem scharfen Messer ca. 30 Quadrate mit 7,5 cm Kantenlänge ausschneiden. Wird ein Wellenrand gewünscht, ein Teigrädchen benutzen.

4 Das Öl auf 190 °C erhitzen. Jeweils einige Vierecke ins Öl geben und ausbacken.

5 Wenn sie braun werden und leicht aufgehen, umdrehen und die andere Seite backen. Mit einem Schaumlöffel aus dem Fritierbad nehmen und auf Küchenpapier abtropfen lassen. Wichtig ist, daß die Temperatur des Öls während des gesamten Fritierprozesses konstant bleibt. Warm auftragen, dazu Sirup oder Honig reichen.

Schokoladen-Jumbos

Diese Cookies dürfen zum vollständigen Auskühlen nicht auf dem Blech liegenbleiben, sie werden sonst zu spröde und zerbrechen beim Herunternehmen.

Für 18 Stück

ZUTATEN

175 g Bitterschokolade
115 g Butter
2 Eier
90 g grobkörniger Zucker
50 g hellbrauner Zucker
40 g Mehl
25 g Kakaopulver
1 TL Backpulver
2 TL Vanillearoma
1 Prise Salz
115 g grobgehackte geröstete Pekannüsse
175 g Bitterschokoladen-Chips
115 g gute weiße Schokolade
115 g gute Vollmilch-schokolade

1 Den Ofen auf 160 °C vorheizen. Zwei große Backbleche einfetten. Die zerkleinerte Bitterschokolade und die Butter in einen mittelgroßen Topf geben und bei schwacher Hitze unter Rühren zerlassen. Vom Feuer nehmen und zum Abkühlen beiseite stellen.

2 Eier und Zucker in einer großen Schüssel mit dem Mixgerät 2-3 Minuten zu einer hellen cremigen Masse schlagen. Die flüssige Schokoladenmischung langsam dazugeben und alles gut vermischen. Mehl, Kakaopulver, Backpulver, Vanillearoma und Salz unterrühren, zuletzt die Nüsse, Schokoladen-Chips sowie die in kleine Stücke geschnittene weiße und Vollmilchschokolade unterheben.

3 Jeweils einen gehäuften Eßlöffel der Mischung auf das Blech geben, dabei rundum 10 cm Abstand einhalten. Die Häufchen auf 7,5 cm Durchmesser flachstreichen. 8-10 Minuten backen, bis die Cookies oben glänzen und leicht aufreißen und die Ränder knusprig aussehen.

4 Die Bleche 2 Minuten abkühlen lassen, dann die Cookies herunternehmen und auskühlen lassen.

Schoko-Marzipan-Cookies

Diese kleinen Knusper-Cookies mit Marzipanfüllung sind genau das Richtige für Leckermäuler.

Für 36 Stück

ZUTATEN

200 g Butter
200 g hellbrauner Rohrzucker
1 Ei
300 g Mehl
4 EL Kakaopulver
200 g Marzipanrohmasse
115 g weiße Schokolade

1 Den Ofen auf 190 °C vorheizen. Zwei große Backbleche einfetten. Butter und Zucker in einer Schüssel zu einer hellen schaumigen Masse schlagen. Das Ei dazugeben und nochmals schlagen.

2 Mehl und Kakao über die Mischung sieben. Zuerst mit einem Holzlöffel umrühren, dann mit der Hand zu einem weichen Teig kneten.

Unsere Tip Wenn der Teig zu klebrig zum Ausrollen ist, ca. 30 Minuten in den Kühlschrank stellen und dann erneut versuchen.

3 Ungefähr die Hälfte des Teigs auf einer leicht bemehlten Arbeitsfläche 5 mm dick ausrollen. Mit einer Form von 5 cm Durchmesser ca. 36 Kreise ausstechen, zwischendurch die Reste wieder zusammenkneten und ausrollen.
Die Marzipanmasse in ca. 36 gleichgroße Stücke schneiden. Zu Kugeln formen, leicht flachdrücken und ein Stück auf jeden Teigkreis legen.

4 Den restlichen Teig ausrollen und die erforderliche Anzahl Kreise ausstechen. Den zweiten Kreis auf die Marzipanmasse legen und die beiden Teigstücke am Rand zusammendrücken. 10-12 Minuten backen, bis das Gebäck gut gegangen ist. Vollständig abkühlen lassen. Die in Stücke geschnittene weiße Schokolade zerlassen, in ein Papier-Spritztütchen füllen und die Cookies damit verzieren.

Schokoladen-Doppel

Diese Köstlichkeit mit zwei Sorten Schokolade sollten Sie sich für Verwöhnmomente aufheben.

Für 18–20 Stück

ZUTATEN

115 g Butter
115 g hellbrauner Rohrzucker
1 Ei
1 TL Vanillearoma
150 g backfertiges Mehl mit Triebmittel
75 g zarte Haferflocken
115 g Bitterschokolade
115 g weiße Schokolade

Unser Tip Wenn Sie wenig Zeit haben, können Sie die zerkleinerte Schokolade durch fertige Chips ersetzen. Eine köstliche Geschmacksvariante ergibt sich durch die Zugabe von gehackter Ingwerwurzel.

1 Den Ofen auf 190 °C vorheizen. Zwei Backbleche leicht einfetten. Butter und Zucker in einer Schüssel zu einer hellen, schaumigen Masse schlagen. Ei und Vanillearoma hinzufügen und gut verrühren.

2 Das Mehl über die Mischung sieben und mit einem Löffel leicht unterheben. Dann die Haferflocken und die grob zerkleinerte weiße und Bitterschokolade dazugeben. Rühren, bis alles gut vermischt ist.

3 Den Teig in kleinen Häufchen auf die vorbereiteten Bleche setzen, dabei genügend Platz zum Breitlaufen lassen.

4 15-20 Minuten backen, bis sich die Cookies leicht goldgelb färben. Auf dem Blech 2-3 Minuten abkühlen lassen, dann auf ein Kuchengitter legen und vollständig auskühlen lassen.

Schoko-Nuß-Plätzchen

Der Teig für diese „Kühlschrank-Cookies" muß vor dem Schneiden und Backen gut gekühlt werden.

Für 50 Stück

ZUTATEN

225 g Mehl
1 Prise Salz
50 g Bitterschokolade
225 g Butter
225 g feinkörniger Zucker
2 Eier
1 TL Vanillearoma
115 g feingehackte Walnüsse

Variation Für zweifarbige Plätzchen nur 25 g Schokolade zerlassen. Alle Zutaten bis auf die Schokolade wie beschrieben verarbeiten. Den Teig halbieren. Die Schokolade zu einer Hälfte geben. Den hellen Teig und danach den Schokoladenteig ausrollen. Die Teigplatten übereinanderlegen und zusammenrollen. Wie im Rezept beschrieben einwickeln, schneiden und backen.

1 Mehl und Salz in eine kleine Schüssel sieben und beiseite stellen. Die zerkleinerte Schokolade in einem Gefäß über heißem Wasser zerlassen und beiseite stellen.

2 Die Butter mit einem Mixgerät cremig schlagen. Den Zucker dazugeben und weiter schlagen, bis die Masse hell und schaumig ist.

3 Die Eier mit dem Vanillearoma mischen und nach und nach in die Buttermischung einrühren.

4 Die zerlassene Schokolade, Mehl und Nüsse unterrühren.

5 Den Teig in vier Stücke teilen und jedes zu einer Rolle von 5 cm Durchmesser formen. Fest in Folie wickeln und kühlen oder einfrieren, bis der Teig fest ist.

6 Den Ofen auf 190 °C vorheizen. Zwei Backbleche einfetten. Die Teigrollen in 5 mm dicke Scheiben schneiden. Auf die Bleche setzen und ca. 10 Minuten backen. Abkühlen lassen.

Schokoladenküsse

Diese kleinen gehaltvollen Cookies werden mit Puderzucker bestäubt und zu Eiskrem oder Kaffee gereicht.

Für 24 Stück

ZUTATEN

75 g Bitterschokolade
75 g weiße Schokolade
115 g Butter
115 g feinkörniger Zucker
2 Eier
225 g Mehl
Puderzucker zum Bestäuben

1 Die zerkleinerte weiße und Bitterschokolade in separaten Gefäßen über heißem Wasser zerlassen, dabei ab und zu umrühren. Beiseite stellen.

2 Butter und Zucker zu einer hellen schaumigen Masse schlagen. Die Eier einzeln dazugeben und weiter schlagen.

3 Das Mehl über die Mischung sieben und alles gründlich verrühren.

4 Jeweils eine Hälfte des Teigs in die Gefäße mit der Schokolade geben und gut verrühren. Die beiden Mischungen weichkneten, in Folie wickeln und 1 Stunde in den Kühlschrank stellen. Den Ofen auf 190 °C vorheizen. Zwei Backbleche einfetten.

5 Beide Teigsorten in teelöffelgroße Portionen teilen. Diese mit den Händen zu Kugeln formen und auf die vorbereiteten Bleche setzen. 10-12 Minuten backen. Mit Puderzucker übersieben und auf einem Kuchengitter abkühlen lassen.

Schokoladenbrezeln

Für 28 Stück

ZUTATEN

115 g Mehl
1 Prise Salz
3 EL Kakaopulver
115 g Butter
150 g feinkörniger Zucker
1 Ei
1 leicht geschlagenes Eiweiß
Hagelzucker zum Bestreuen

1 Mehl, Salz und Kakaopulver zusammen sieben und beiseite stellen. Zwei Backbleche einfetten.

2 Die Butter mit dem Mixgerät cremig rühren. Den Zucker dazugeben und die Masse locker und schaumig schlagen. Das Ei unterrühren. Die trockenen Zutaten hinzufügen und alles gut verrühren. Den Teig zu einer Kugel kneten, in Butterbrotpapier wickeln und für 1 Stunde in den Kühlschrank oder für 30 Minuten in den Gefrierschrank legen.

3 Aus dem Teig 28 kleine Kugeln formen. Ist der Teig zu klebrig, Hände leicht mit Mehl bestäuben. Die Kugeln nochmals kalt stellen. Den Ofen auf 190 °C vorheizen.

4 Die Kugeln zwischen den Handflächen zu ca. 25 cm langen Schlangen formen. Jede Schlange zu einem Kreis legen, die losen Enden zusammendrehen und auf den Kreisbogen drücken, so daß eine Brezel entsteht.

5 Die Brezeln auf die vorbereiteten Bleche legen, mit Eiweiß bestreichen und mit Hagelzucker bestreuen. 10-12 Minuten backen, bis sie fest sind. Auf einem Kuchengitter abkühlen lassen.

Schoko-Walnuß-Rolle mit Ahornsirup

Für 12 Stück

ZUTATEN

450 g Mehl
½ TL gemahlener Zimt
50 g Butter
50 g feinkörniger Zucker
1 Tütchen Trockenhefe
1 Eigelb
½ Tasse Wasser
4 EL Milch
3 EL Ahornsirup
Für die Füllung
40 g Butter
50 g hellbrauner Rohrzucker
175 g Bitterschokoladen-Chips
75 g gehackte Walnüsse

1 Eine Springform (23 cm Durchmesser) mit hohem Rand einfetten. Mehl und Zimt in eine Schüssel sieben und die Butter einkneten, bis die Masse grobkrumig ist.

2 Zucker und Hefe unterrühren. Eigelb, Wasser und Milch verschlagen, zu den trockenen Zutaten geben und zu einem weichen Teig verrühren.

3 Den Teig kneten, bis er glatt ist, dann zu einem Viereck von ca. 40 x 30 cm ausrollen. Mit der zerlassenen Butter bestreichen.

4 Zucker, Bitterschokolade-Chips und gehackte Walnüsse gleichmäßig auf der Teigplatte verteilen.

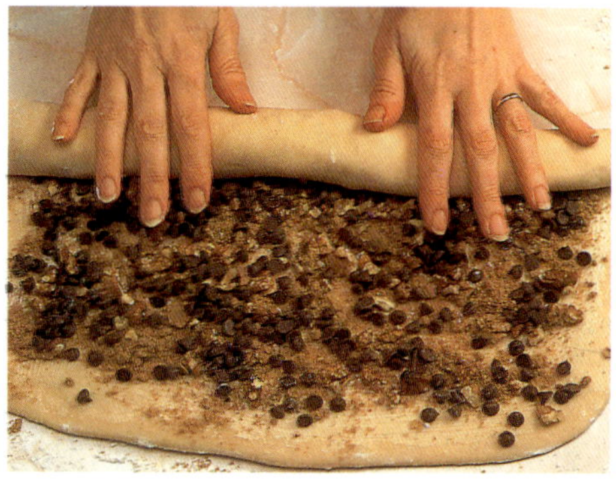

5 Den Teig von einer Längsseite her zusammenrollen und in 12 gleichmäßig dicke Scheiben schneiden.

6 Die Scheiben dicht aneinander in die vorbereitete Backform legen. Zudecken und an einem warmen Ort 1½ Stunden gehen lassen. Der Teig muß elastisch auf Berührung reagieren. Den Ofen auf 220 °C vorheizen.

7 Ca. 30-35 Minuten backen, bis der Teig aufgegangen, fest und goldbraun ist. Aus der Form nehmen und auf ein Kuchengitter legen. Zum Abschluß den Ahornsirup auf das Gebäck löffeln. Die Stücke vor dem Auftragen separieren.

Unser Tip Die Menge der für den Teig benötigten Flüssigkeiten kann leicht variieren, da einige Mehlsorten mehr Flüssigkeit aufnehmen als andere.

Großmutters Ingwerplätzchen

Für 60 Stück

ZUTATEN

300 g Mehl
1 TL Natron
1½ TL gemahlener Ingwer
¼ TL gemahlener Zimt
¼ TL gemahlene Nelken
115 g Butter oder Margarine
350 g feinkörniger Zucker
1 geschlagenes Ei
4 EL dunkler Sirup
1 TL Zitronensaft

1 Den Ofen auf 160 °C vorheizen. 3-4 Backbleche einfetten.

2 Mehl, Natron, Salz und Gewürze in eine kleine Schüssel sieben. Beiseite stellen.

3 Die Butter bzw. Margarine und zwei Drittel des Zuckers mit dem Mixgerät verrühren.

4 Ei, Sirup und Zitronensaft unterrühren. Die Mehlmischung dazugeben und mit einem Holzlöffel gründlich zu einem weichen Teig verrühren.

5 Aus dem Teig 2 cm große Kugeln formen. Im restlichen Zucker wälzen und auf die vorbereiteten Bleche setzen. Dabei jeweils 5 cm Abstand einhalten.

6 Ca. 12 Minuten backen, bis sich die Plätzchen fest anfühlen. Mit einem Bratenwender oder Streichmesser auf ein Kuchengitter legen und abkühlen lassen.

Zweifarbige Mürbchen

Diese Cookies sind ein wahrer Blickfang - und in einem Beutel oder einer Schachtel verpackt ein hübsches Geschenk. Sie sind auch gar nicht schwer zu backen, aber alle werden sich fragen, wie Sie es gemacht haben!

Für 25 Stück

ZUTATEN

Für den hellen Teig
175 g Mehl
¼ TL Natron
1 Prise Salz
1 TL gemahlener Zimt
65 g Butter
75 g feinkörniger Zucker
2 EL Ahorn- oder heller Sirup
1 geschlagenes Eigelb
Für den dunklen Teig
175 g Mehl
1 Prise Salz
2 TL Back-Gewürzmischung
½ TL Natron
4 EL Kakaopulver
75 g Butter
75 g hellbrauner Rohrzucker
1 geschlagenes Ei

1 Für den hellen Teig Mehl, Natron, Salz und Gewürze in eine große Schüssel sieben. Die in Stücke geschnittene Butter dazugeben und kneten, bis die Masse fein-krümelig ist. Zucker, Sirup und Eigelb hinzufügen und zu einem festen Teig verarbeiten. Teig nochmals leicht durchkneten, in Folie einwickeln und 30 Minuten kalt stellen.

2 Für den dunklen Teig Mehl, Salz, Gewürz, Natron und Kakaopulver in eine große Schüssel sieben. Die Butter in das Mehl kneten. Zucker und Ei dazugeben und alles zu einem festen Teig verarbeiten. Nochmals leicht durchkneten, in Folie wickeln und 30 Minuten kalt stellen.
Die Hälfte des dunklen Teigs auf einer bemehlten Arbeitsfläche zu einem 28 x 4 cm großen und 1 cm dicken Rechteck ausrollen.

3 Diesen Arbeitsschritt mit der Hälfte des hellen Teigs wiederholen. Beide Rechtecke mit einem Messer in jeweils sieben lange dünne Streifen schneiden. Die Streifen längs aneinanderlegen, dabei stets in der Farbe abwechseln.

4 Aus dem restlichen hellen Teig mit den Händen eine Rolle von der Länge der Streifen und 2 cm Durchmesser rollen. Die Rolle in die Mitte der gestreiften Teigplatte legen.

5 Den gestreiften Teig sorgfältig um die Rolle legen und leicht andrücken. Die Rolle muß vollständig umschlossen sein. Den restlichen dunklen Teig zu einem dünnen, ca. 28 x 13 cm großen Rechteck ausrollen.

6 Den dunklen Teig um den gestreiften Teig wickeln, der vollständig umschlossen sein muß. Leicht andrücken. Einwickeln und 30 Minuten kalt stellen.

7 Den Ofen auf 180 °C vorheizen. Ein großes Backblech einfetten. Die Rolle in dünne Scheiben schneiden. Die Mürbchen mit etwas Abstand auf das Blech setzen.

8 Ca. 12-15 Minuten backen, bis die Mürbchen am Rand Farbe annehmen. 3 Minuten auf dem Backblech lassen, dann auf ein Kuchengitter legen und völlig auskühlen lassen.

Schokoladen-Zimt-Tuiles

Für 12 Stück

ZUTATEN

1 Eiweiß
50 g feinkörniger Zucker
2 EL Mehl
40 g Butter
1 EL Kakaopulver
½ TL gemahlener Zimt

Unser Tip Die Tuiles so schnell wie möglich vom Blech nehmen. Wenn sie zu schnell hart geworden sind, das Blech noch einmal für eine Minute in den Ofen schieben.

1 Den Ofen auf 200 °C vorheizen. Zwei große Backbleche leicht einfetten. Das Eiweiß in einer sauberen, fettfreien Schüssel steif schlagen. Nach und nach den Zucker dazugeben und schlagen, bis die Masse glatt und glänzend ist.

2 Das Mehl über die Mischung sieben und gleichmäßig unterheben. Die zerlassene Butter unterrühren. 3 EL der Mischung in einer kleinen Schüssel beiseite stellen.

3 Kakaopulver und Zimt im separaten Gefäß mischen und in den größeren Teil der Mischung rühren.

4 Den braunen Teig löffelweise auf die vorbereiteten Bleche häufen, dabei genügend Platz lassen. Die Häufchen mit einem breiten Messer zu Kreisen flachstreichen.

5 Mit einem kleinen Löffel den hellen Teig auf die Kreise streichen, so daß ein Marmor-Effekt entsteht.

6 Ca. 4-6 Minuten backen, bis der Teig gerade fest wird. Die Biskuits mit einem breiten Messer vorsichtig vom Blech nehmen. Auf ein Nudelholz legen, damit sie vor dem Aushärten ihre gebogene Form bekommen.

7 Die Tuiles festwerden lassen, dann herunternehmen und vollständig abkühlen lassen.

Nuß-Zimt-Schweinsöhrchen

Für 40 Stück

ZUTATEN

75 g Mandeln, Wal- oder Haselnüsse
2 EL feinkörniger Zucker, dazu Zucker zum Bestreuen der Arbeitsfläche
1/2 TL gemahlener Zimt
225 g Blätterteig (Tiefkühl-Teig auftauen)
1 leicht geschlagenes Ei

1 Zwei große, möglichst beschichtete Backbleche leicht mit Butter einfetten. Nüsse, Zucker und Zimt in der Küchenmaschine oder im Lebensmittelzerkleinerer fein mahlen.

2 Die Arbeitsfläche mit Zucker bestreuen und den Teig zu einem 50 x 20 cm großen und 3 mm dicken Rechteck ausrollen. Die Teigplatte dünn mit geschlagenem Ei bestreichen und die Hälfte der Nußmischung gleichmäßig darauf verteilen.

3 Die Längsseiten so einschlagen, daß sie sich in der Mitte berühren. Mit dem Nudelholz flachdrücken. Wieder mit Ei bestreichen und mit dem Großteil der verbleibenden Nußmischung bestreuen. Dann längs übereinanderschlagen.

4 Das Teigstück quer in 8 mm dicke Scheiben schneiden. Im Abstand von 2,5 cm auf die Bleche legen.

5 Die aufeinanderliegenden Kanten leicht auseinanderziehen, so daß in der Mitte ein Keil entsteht. Die Schweinsöhrchen mindestens 15 Minuten kalt stellen. Den Ofen auf 220 °C vorheizen.

6 Ca. 8-10 Minuten goldgelb backen. Nach der Hälfte der Backzeit vorsichtig umdrehen. Das Gebäck im Auge behalten, da der Zucker leicht verbrennt. Auf einem Kuchengitter abkühlen lassen.

Zimt-Sirup-Plätzchen

Diese Plätzchen sind innen feucht und schmecken würzig-nussig.

Für 24 Stück

ZUTATEN

2 EL dunkler Sirup
50 g Butter oder Margarine
115 g Mehl
¼ TL Natron
½ TL gemahlener Ingwer
1 TL gemahlener Zimt
40 g feiner brauner Zucker
1 EL gemahlene Mandeln oder Haselnüsse
1 Eigelb
115 g Puderzucker

1 Ein Backblech leicht einfetten. Sirup und Butter bzw. Margarine sacht erhitzen, bis sie gerade anfangen zu schmelzen.

2 Mehl, Natron und Gewürze in eine große Schüssel sieben, dann Zucker und Mandeln bzw. Nüsse untermischen.

3 Sirupmischung und Eigelb schnell unterrühren und alle Zutaten zu einem festen glatten Teig verarbeiten.

4 Den Teig auf einer leicht bemehlten Arbeitsfläche 5 mm dick ausrollen und Plätzchen, z.B. Sterne, Herzen oder Kreise, ausstechen. Die Reste nochmals kneten, wieder ausrollen und weitere Plätzchen ausstechen. Auf das vorbereitete Blech legen und 15 Minuten kalt stellen.

5 Den Ofen auf 190 °C vorheizen. Die Plätzchen mit einer Gabel leicht anstechen und 12-15 Minuten backen, bis sie anfangen, fest zu werden. Auf einem Kuchengitter knusprig werden lassen.

6 Den gesiebten Puderzucker mit etwas lauwarmem Wasser zu einer halbflüssigen Glasur verrühren und über die Plätzchen auf dem Kuchengitter träufeln.

Zimttaler

Für 50 Stück

ZUTATEN

225 g Mehl
1 Prise Salz
2 EL gemahlener Zimt
225 g Butter
225 g feinkörniger Zucker
2 Eier
1 TL Vanillearoma

1 Mehl, Salz und Zimt in eine Schüssel sieben und beiseite stellen.

2 Die Butter mit dem Mixgerät cremig-weich rühren. Den Zucker dazugeben und zu einer lockerschaumigen Masse schlagen.

3 Die Eier mit dem Vanillearoma verschlagen und unter Rühren nach und nach zur Buttermischung geben.

4 Die trockenen Zutaten dazugeben und alles gründlich verrühren. Den Teig in vier Portionen teilen.

5 Jede Portion zu einer Rolle von 5 cm Durchmesser formen. Straff in Alu-Folie wickeln und kühlen oder einfrieren, bis der Teig fest ist.

6 Den Ofen auf 190 °C vorheizen. Zwei Backbleche einfetten.

7 Den Teig mit einem scharfen Messer in 5 mm dicke Scheiben schneiden. Die Scheiben auf die vorbereiteten Bleche setzen und 10 Minuten backen, bis sie etwas Farbe angenommen haben. Zum vollständigen Abkühlen auf ein Kuchengitter legen.

Scharfe Sachen

Für 48 Stück

ZUTATEN

200 g Mehl
50 g Maisstärke
2 TL Backpulver
½ TL gemahlener Kardamom
½ TL gemahlener Zimt
½ TL geriebene Muskatnuß
½ TL gemahlener Ingwer
½ TL gemahlener Piment
1 Prise Salz
½ TL frischgemahlener schwarzer Pfeffer
225 g Butter oder Margarine
90 g hellbrauner Zucker
½ TL Vanillearoma
1 TL fein geriebene Zitronenschale
50 ml Schlagsahne
75 g fein gemahlene Mandeln
2 EL Puderzucker

1 Den Ofen auf 180 °C vorheizen.

2 Mehl, Maisstärke, Backpulver, Gewürze, Salz und Pfeffer in eine Schüssel sieben und beiseite stellen.

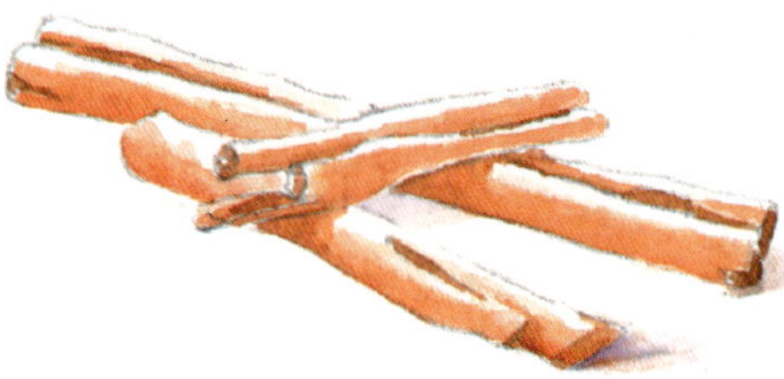

3 Butter bzw. Margarine und braunen Zucker mit dem Mixgerät zu einer locker-schaumigen Masse schlagen. Vanillearoma und Zitronenschale unterrühren.

4 Mit dem Mixgerät abwechselnd Mehlmischung und Schlagsahne unterrühren, dabei mit der Mehlmischung beginnen und aufhören. Die gemahlenen Mandeln einrühren.

5 Den Teig zu Kugeln von 2 cm Durchmesser formen. Die Kugeln im Abstand von 2,5 cm auf ein ungefettetes Blech setzen und 15-20 Minuten backen, bis die Unterseite goldbraun ist.

6 Auf dem Backblech ca. 1 Minute abkühlen lassen, dann zum vollständigen Auskühlen auf ein Kuchengitter legen. Vor dem Auftragen leicht mit Puderzucker bestäuben.

Lavendelherzen

Wie gutes Essen, hat auch Lavendel für viele von uns mit Liebe zu tun. Was liegt also näher, als zum Valentins- oder Hochzeitstag einige dieser Herzen zu verschenken?

Für 16–18 Stück

ZUTATEN

115 g Butter
50 g feinkörniger Zucker
175 g Mehl
2 EL frische Lavendelblütchen oder 1 EL getrockneter, grob gehackter Speiselavendel
2 EL sehr feiner Zucker zum Bestreuen

1 Butter und Zucker zusammen schaumig schlagen. Mehl und Lavendel einrühren und die Mischung zu einer lockeren Kugel formen. Zugedeckt 15 Minuten kalt stellen.

2 Den Ofen auf 200 °C vorheizen. Den Teig auf einer leicht bemehlten Arbeitsfläche ausrollen und mit einer 5 cm großen Herzform ca. 18 Plätzchen ausstechen. Auf ein schweres Backblech legen und ca. 10 Minuten goldgelb backen.

3 Die Plätzchen 5 Minuten fest-werden lassen, dann vom Blech auf ein Kuchengitter legen und vollständig auskühlen lassen. In einem luftdichten Behälter können die Lavendelherzen bis zu einer Woche aufbewahrt werden.

Vanillekipfel

Diese zarte Leckerei ist genau das Richtige zum Kaffeekränzchen oder Nachmittagstee.

Für 36 Stück

ZUTATEN

175 g unblanchierte Mandeln
115 g Mehl
1 Prise Salz
225 g Butter
115 g grober Zucker
1 TL Vanillearoma
Puderzucker zum Bestäuben

1 Die Mandeln mit einigen Löffeln Mehl in der Küchenmaschine oder im Lebensmittelzerkleinerer mahlen.

2 Das restliche Mehl mit dem Salz in eine Schüssel sieben und beiseite stellen.

3 Butter und Zucker mit dem Mixgerät zu einer locker-schaumigen Masse schlagen.

4 Mandeln, Vanillearoma und Mehl dazugeben. Alles gut verrühren. Den Teig zu einer Kugel formen, in Butterbrotpapier wickeln und mindestens 30 Minuten kalt stellen.

5 Den Ofen auf 160 °C vorheizen. Zwei Backbleche leicht einfetten.

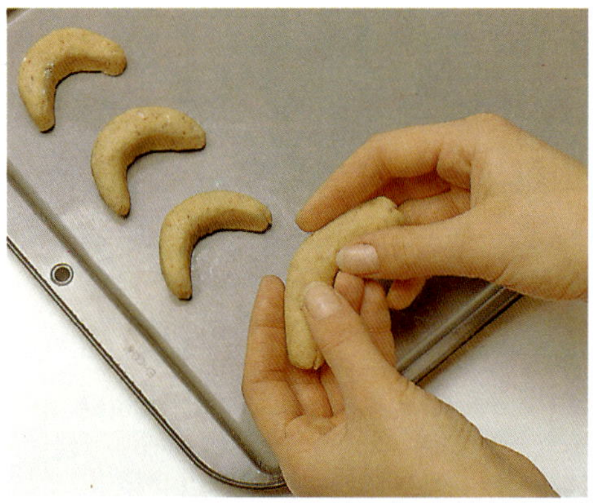

6 Jeweils walnußgroße Teigstücke zu kleinen, ca. 1 cm dicken Rollen und diese zu Hörnchen formen. Auf die vorbereiteten Bleche legen.

7 Ca. 20 Minuten backen, bis die Hörnchen trocken, aber nicht braun sind. Auf ein Kuchengitter legen und leicht abkühlen lassen. Das Gitter auf ein Backblech stellen und die Kipfel gleichmäßig mit Puderzucker bestäuben. Dann vollständig auskühlen lassen.

Mexikanisches Anisgebäck

Für 24 Stück

ZUTATEN

175 g Mehl
1 TL Backpulver
1 Prise Salz
115 g Butter
115 g feinkörniger Zucker
1 Ei
1 TL ganze Anissamen
1 EL Weinbrand
50 g Puderzucker und ½ TL gemahlener Zimt zum Bestreuen

1 Mehl, Backpulver und Salz sieben und beiseite stellen. Butter und Zucker mit dem Mixgerät zu einer locker-schaumigen Masse schlagen.

2 Ei, Anis und Weinbrand dazugeben und alles gut verrühren. Die trockenen Zutaten unterheben und alles zu einem Teig verarbeiten. 30 Minuten kalt stellen.

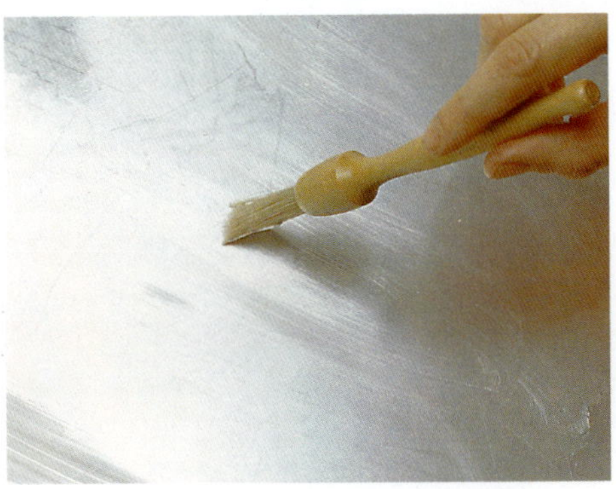

3 Den Ofen auf 180 °C vorheizen. Zwei Backbleche einfetten.

4 Den gekühlten Teig auf einer leicht bemehlten Arbeitsfläche ca. 3 mm dick ausrollen.

5 Den Teig mit einer bemehlten Ausstechform, einem Messer oder Teigrädchen in Quadrate, Rhomben oder andere Formen teilen. Traditionell haben Biscochitos die Form einer Lilie, aber das ist vielleicht ein bißchen zu schwierig.

6 Auf die vorbereiteten Bleche legen. Puderzucker und Zimt mischen und die Teigstücke damit bestreuen.

7 Ca. 10 Minuten hellgoldgelb backen. Auf dem Blech 5 Minuten abkühlen lassen, dann zum vollständigen Abkühlen auf ein Kuchengitter legen. In einem luftdichten Behälter kann das Anisgebäck bis zu einer Woche aufbewahrt werden.

Festliches und feines Gebäck

Zu vielen Festen und Feiertagen gehören bestimmte Cookies einfach dazu - denken wir nur an die Weihnachtsplätzchen, die auch so manchen Tannenbaum zieren, an die Oster-Cookies, die sich im Frühjahr in den meisten Gebäckdosen finden, oder an die Italienischen Gebäckschleifen, ohne die der Karneval in Italien nicht komplett ist. Andere Cookies bekommen eine festliche Note dadurch, daß sie ganz besonders fein und delikat sind. Mit Schokolade überzogene Haselnußkipfel oder Schwarz-weiße Ingwer-Florentiner sind schon eine außergewöhnliche Leckerei, die uns das Gefühl gibt, etwas ganz Besonderes zu genießen.

Beim Backen auf Vorrat, etwa vor den Schulferien oder einem langen Wochenende, sollten Cookies ausgewählt werden, die sich gut halten, so daß sie bis zu einer Woche vorher zubereitet werden können. Die Cookies können aber auch roh oder gebacken eingefroren werden. Dann muß die Auftauzeit beachtet werden, dazu kommt die Backzeit bei rohem Teig. Aufgetaute fertige Cookies sollten kurz aufgebacken werden.

Baklava

Baklava, die Königin des Backwerks, wird das ganze Jahr über gegessen, ist aber vor allem mit dem persischen Neujahrsfest am 21. März verbunden, an dem der erste Frühlingstag begangen wird.

Für 30 Stück

ZUTATEN

350 g gemahlene Pistazien
150 g Puderzucker
1 EL gemahlener Kardamom
150 g Butter
450 g Blätterteig in hauchdünnen Lagen
Für den Sirup
450 g grobkörniger Zucker
300 ml Wasser
2 EL Rosenwasser

1 Zucker und Wasser in einem Topf zum Kochen bringen. 10 Minuten köcheln lassen, bis die Masse siruparig ist. Das Rosenwasser einrühren. Pistazien, Puderzucker und Kardamom vermischen. Den Ofen auf 160 °C vorheizen. Backform mit Butter einfetten.

2 Das erste hauchdünne Teigblatt mit zerlassener Butter bestreichen und auf den Boden der Form legen. Den Vorgang wiederholen, bis sich insgesamt sechs mit Butter bestrichene Blätter in der Form befinden. Die Hälfte der Pistazienmischung auf dem Teig verteilen, dabei mit dem Löffel leicht andrücken.

3 Weitere sechs Teigblätter mit Butter bestreichen und auf die Pistazienmischung legen. Den Rest der Pistazienmischung darüberstreuen und eine letzte Schicht von sechs Teigblättern obenauf legen. Das Gebäck in kleine Rhomben schneiden. Den Rest der zerlassenen Butter darübergießen. 20 Minuten backen, dann die Hitze auf 200 °C erhöhen und weitere 15 Minuten backen, bis der Teig leicht goldgelb gefärbt und aufgegangen ist.

4 Den Großteil des Sirups über das Gebäck träufeln oder separat auftragen.

Zimtkugeln

Diese Mandelkugeln mit kräftigem Zimtgeschmack sollen innen weich sein. Da sie aber mit der Zeit hart werden, empfiehlt es sich, einige einzufrieren und immer nur die benötigte Menge zu verbrauchen.

Für 15 Stück

ZUTATEN

175 g gemahlene Mandeln
75 g feinkörniger Zucker
1 EL gemahlener Zimt
2 Eiweiß
Öl für das Blech
Puderzucker zum Dekorieren

1 Den Ofen auf 180 °C vorheizen. Ein großes Backblech einölen. Mandeln mit Zucker und Zimt vermischen. Die Eiweiß schlagen, bis sie beginnen, steif zu werden. So viel Eiweißmasse unter die Mandeln heben, daß sich eine ziemlich feste Mischung ergibt.

2 Den Teig teelöffelweise zu kleinen Kugeln rollen, dazu die Hände mit kaltem Wasser anfeuchten. Die Kugeln auf das vorbereitete Blech setzen.

3 Ca. 15 Minuten backen. Die Kugeln müssen innen noch ziemlich weich sein – durch zu langes Backen werden sie hart und zäh. Mit einem Streichmesser unter die Kugeln fahren und vom Blech heben. Abkühlen lassen.

4 Einige Eßlöffel Puderzucker auf einen Teller sieben. Die vollständig abgekühlten Zimtkugeln auf den Teller legen und diesen sacht hin- und herbewegen, bis die Kugeln rundum gezuckert sind. In einem luftdicht schließenden Behälter oder im Gefrierschrank aufbewahren.

Kokospyramiden

Kokosgebäck wird während des Passahfestes auf israelischen Straßenmärkten verkauft.

Für 15 Stück

ZUTATEN

225 g Kokosraspel
115 g feinkörniger Zucker
2 Eiweiß

Unser Tip In den meisten Backröhren verteilt sich die Wärme nicht gleichmäßig. In diesem Fall ist es ratsam, das Blech während des Backens herumzudrehen, damit die Pyramiden gleichmäßig bräunen.

1 Den Ofen auf 190 °C vorheizen. Ein großes Backblech mit etwas Öl einstreichen.

2 Kokosraspel und Zucker vermischen. Die Eiweiß leicht schlagen. So viel von der Eiweißmasse unter die Kokosraspel heben, daß eine ziemlich feste Mischung entsteht. Eventuell bleibt vom Eiweiß etwas übrig.

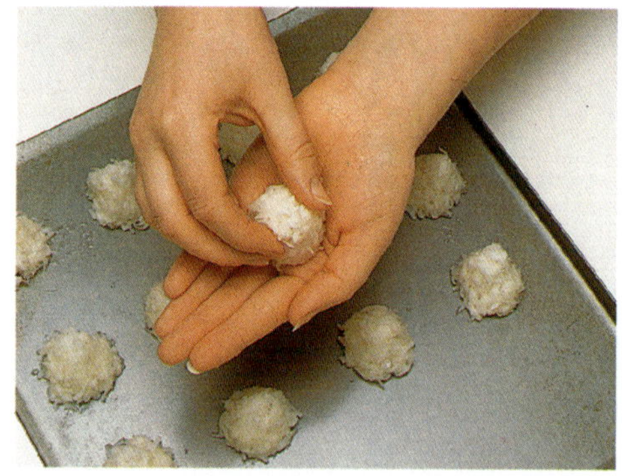

3 Aus der Mischung kleine Pyramiden formen. Dazu teelöffelweise portionieren und zunächst zu Kugeln rollen. Diese unten breitdrücken und oben eine Spitze formen. Die Pyramiden auf das Blech setzen.

4 Ca. 12-15 Minuten backen. Die Spitzen sollten sich gerade goldgelb färben und die Pyramiden außen fest, innen aber noch weich sein.

5 Die Pyramiden mit einem Streichmesser vom Blech lösen und abkühlen lassen.

Oster-Cookies

Sie sind ein traditioneller Bestandteil des christlichen Osterfestes.

Für 16–18 Stück

ZUTATEN

115 g Butter
75 g feinkörniger Zucker, dazu Zucker zum Bestreuen
1 Ei / 200 g Mehl
½ TL Back-Gewürzmischung
½ TL gemahlener Zimt
50 g Korinthen
1 EL gehackte Orangen- und Zitronenschale
1-2 EL Milch

1 Den Ofen auf 200 °C vorheizen. Zwei Backbleche leicht einfetten. Butter und Zucker schlagen. Das Ei trennen und das Eigelb unterrühren.

2 Mehl und Gewürze über die Mischung sieben, dann Korinthen und Schale unterheben. So viel Milch dazugeben, daß ein ziemlich weicher Teig entsteht.

3 Den Teig auf eine bemehlte Arbeitsfläche geben, leicht durchkneten, bis er glatt wird, und mit einem bemehlten Nudelholz ca. 5 mm dick ausrollen. Mit einer runden Ausstechform mit Wellenrand (5 cm Durchmesser) Plätzchen ausstechen. Auf die vorbereiteten Bleche legen und 10 Minuten backen.

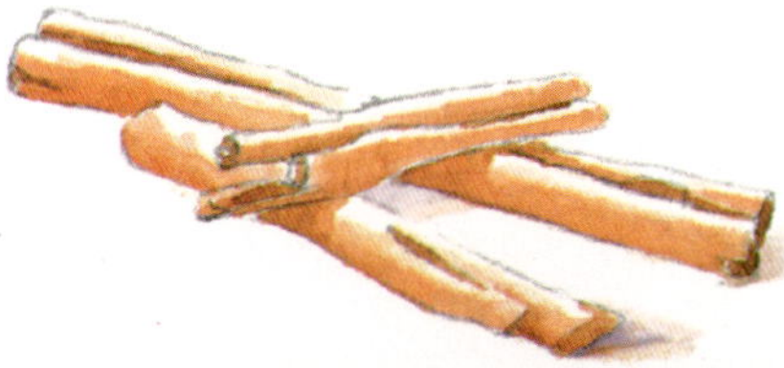

4 Das Eiweiß schlagen und die Cookies damit bestreichen. Mit Zucker bestreuen und in den Ofen schieben. 10 Minuten goldgelb backen und auf einem Kuchengitter abkühlen lassen.

Italienische Gebäckschleifen

In Italien werden fritierte Gebäckschleifen oder -herzen, die traditionell Vin santo, einen sherryartigen italienischen Wein enthalten, während der Karnevalssaison heiß und mit Puderzucker bestäubt gegessen.

Für 40 Stück

ZUTATEN

250 g Mehl
1 Ei
1 Prise Salz
25 g grobkörniger Zucker
½ TL Vanillearoma
25 g Butter
3-4 EL Sherry
Öl zum Fritieren
Puderzucker zum Bestäuben

1 Das Mehl in eine große Mixschüssel sieben und in der Mitte eine Mulde eindrücken. Ei, Salz, Zucker, Vanillearoma und die zerlassene Butter hineingeben.

2 Mit den Händen alles leicht verkneten. Bevor der Teig zu fest wird, so viel Sherry zugeben, bis er weich und geschmeidig ist. Glattkneten, einwickeln und ca. 1 Stunde kalt stellen.

3 Den Teig dünn ausrollen und in 40 18 x 1 cm große Streifen schneiden und locker zu einer Schleife binden.

4 Das Öl in einer Stielkasserolle oder einem Fritiertopf erhitzen und die Schleifen in kleineren Mengen 2-3 Minuten ausbacken, bis sie goldgelb und aufgegangen sind.

5 Die Schleifen auf Küchenpapier abtropfen lassen. Großzügig mit Puderzucker bestäuben und heiß oder kalt zum Kaffee servieren.

Aprikosen-Baiser-Schnitten

Für 16 Stück

ZUTATEN

50 g Mehl
50 g Butter
½ TL Vanillearoma
1 große Prise Salz
1 großes Ei
115 g feinkörniger Zucker
50 g gehackte Walnüsse
50 g gehackte Pekannüsse
115 g Aprikosenkonfitüre

1 Den Ofen auf 180 °C vorheizen. Eine quadratische Backform (20 x 20 cm) einfetten. Das Ei trennen. Mehl, Butter, Vanillearoma, Salz, Eigelb und 50 g Zucker verrühren. Die Masse gleichmäßig auf den Boden der Form streichen, mit einer Gabel einstechen und 10 Minuten backen.

2 Das Eiweiß steif schlagen. Den restlichen Zucker unterschlagen, bis die Masse glatt und glänzend ist. Die gehackten Nüsse vorsichtig unterheben. Nicht zu stark rühren.

3 Die Form aus dem Ofen nehmen. Die Aprikosenkonfitüre auf den Teig streichen und die Baisermasse gleichmäßig darauf verteilen.

4 20 Minuten backen, bis das Baiser leicht gebräunt und knusprig ist. Auf einem Kuchengitter abkühlen lassen und vor dem Servieren in 10 x 2,5 cm große Stücke schneiden.

Unser Tip Aprikosen-Baiser-Schnitten können in einem luftdicht schließenden Behälter bis zu drei Tagen aufbewahrt werden.

Mährische Törtchen

Für 35 Stück

ZUTATEN

115 g Butter
½ TL Vanillearoma
1 große Prise Salz
150 g feinkörniger Zucker
1 Ei
115 g Mehl
¼ TL Natron
1½ TL gemahlener Zimt
1 Eiweiß
35 Pekannußhälften

1 Butter, Vanillearoma, Salz und 115 g Zucker zu einer lockerschaumigen Masse schlagen. Langsam das geschlagene Ei dazugeben und weiterschlagen.

2 Mehl, Natron und ½ TL Zimt sieben, in kleinen Mengen zur Buttermischung geben und unterrühren. Die Mischung zu einem Teig kneten und über Nacht kalt stellen. 30 Minuten vor der Weiterverarbeitung aus dem Kühlschrank nehmen.

3 Den Ofen auf 180 °C vorheizen. Ein Backblech leicht einfetten. Den Teig ca. 3 mm dick ausrollen. Mit einer Form Kreise von 5 cm Durchmesser ausstechen.

4 Auf das vorbereitete Blech legen und mit dem leicht geschlagenen Eiweiß bestreichen. Den restlichen Zucker mit dem restlichen Zimt mischen. Die Törtchen damit bestreuen und je eine Pekannußhälfte in die Mitte drücken. 8–10 Minuten goldbraun backen.

Glasierte Lebkuchen

Diese hübschen Lebkuchen kann man auch an den Weihnachtsbaum oder -strauß hängen. Dazu mit einem Fleischspieß Löcher einstechen und schmales Band oder Zierschnur durchfädeln.

Für ca. 20 Stück

ZUTATEN

1 Packung backfertigen hellen Lebkuchenteig
2 Packungen weiße Glasur
rote und grüne Lebensmittelfarbe
175 g Marzipanrohmasse

1 Den Ofen auf 180 °C vorheizen. Ein großes Backblech einfetten. Den Lebkuchenteig auf einer bemehlten Arbeitsfläche ausrollen und mit in Mehl getauchten Formen verschiedene Motive, z.B. Tannenbäume, Sterne, Monde und Glocken, ausstechen. Auf das vorbereitete Blech legen und 8-10 Minuten backen, bis die Lebkuchen an den Rändern Farbe annehmen. 3 Minuten auf dem Blech liegen lassen.

2 Die Lebkuchen auf einem Kuchengitter abkühlen lassen. Das Gitter auf ein großes Tablett oder eine Platte stellen und mit einem Löffel die Glasur auf die Lebkuchen geben, so daß diese vollständig bedeckt sind. Die Glasur an einem kühlen Ort festwerden lassen.

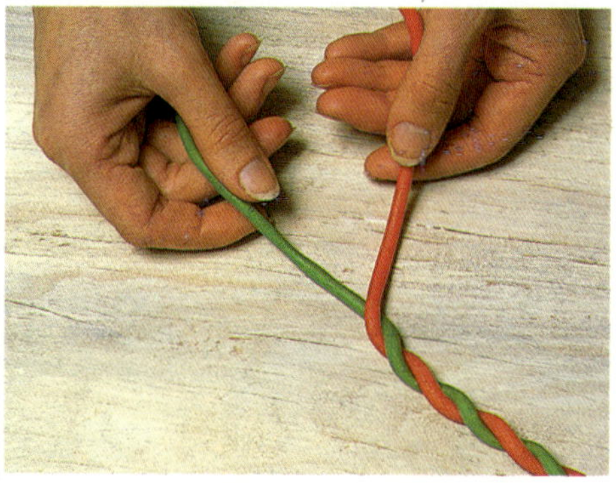

3 Die rote Lebensmittelfarbe in eine Hälfte der Marzipanmasse kneten, die grüne Farbe in die andere Hälfte. Aus der gefärbten Masse jeweils eine dünne Rolle formen und zu einer Schnur zusammendrehen.

4 Die Hälfte der Lebkuchen mit der Schnur verzieren. Diese dazu um den Rand des Lebkuchens legen, wenn nötig, die Glasur mit etwas Wasser anfeuchten, damit die Schnur hält. Einen kleinen Teil der Lebensmittelfarbe mit wenig Wasser verdünnen. Die restlichen Lebkuchen mit einem feinen Pinsel dekorativ bemalen. Trocknen lassen und in Servietten packen.

Weihnachtsplätzchen

Für 30 Stück

ZUTATEN

175 g Butter
300 g feinkörniger Zucker
1 Ei
1 Eigelb
1 TL Vanillearoma
abgeriebene Schale von 1 Zitrone
1 Prise Salz
300 g Mehl
Für die Verzierung (wenn gewünscht)
gefärbte Glasur, kleine Süßigkeiten, bunte Streusel u.ä.

1 Die Butter mit dem Mixgerät cremig rühren. Nach und nach den Zucker dazugeben und alles zu einer locker-schaumigen Masse schlagen.

2 Mit einem Holzlöffel langsam das ganze Ei und das Eigelb unterrühren. Vanillearoma, Zitronenschale und Salz hinzufügen. Alles gut durchmischen.

3 Das Mehl über die Mischung sieben und unterrühren. Den Teig zu einer Kugel kneten, einwickeln und 30 Minuten kalt stellen.

4 Den Ofen auf 190 °C vorheizen. Den Teig auf einer bemehlten Arbeitsfläche ca. 3 mm dick ausrollen.

5 Mit in Mehl getauchten Formen Plätzchen in verschiedenen Motiven ausstechen.

6 Ca. 8 Minuten backen, bis die Plätzchen etwas Farbe angenommen haben. Vollständig abkühlen lassen und nach Wunsch verzieren.

Weihnachtsbäumchen

Diese besonderen Schmuckstücke sind ein wunderschönes Geschenk. Ihre ganze Wirkung entfalten sie am Weihnachtsbaum oder als Fensterschmuck, wenn das Licht durch die „Weihnachtskugeln" fällt.

Für 12 Stück

ZUTATEN

175 g Mehl
75 g Butter
40 g feinkörniger Zucker
1 Eiweiß / 2 EL Orangensaft
225 g bunte Fruchtbonbons o.ä.
(dürfen im Ofen nicht verbrennen)
buntes Band zum Aufhängen

1 Den Ofen auf 180 °C vorheizen. Zwei Backbleche mit Backpapier auslegen. Das Mehl in eine Mixschüssel sieben.

2 Die Butter in das Mehl kneten, bis die Masse fein-krümelig ist. Zucker, Eiweiß und so viel Orangensaft unterrühren, daß ein weicher Teig entsteht. Auf einer leicht bemehlten Arbeitsfläche glattkneten.

3 Den Teig dünn ausrollen und mit einer in Mehl getauchten Form so viele Bäumchen ausstechen wie möglich, die Reste zusammenkneten und erneut ausstechen. Die Plätzchen auf die vorbereiteten Bleche legen, dabei genügend Abstand einhalten.

4 Mit einer Ausstechform (1 cm) oder dem Ende einer großen glatten Spritztülle in jedes Plätzchen sechs runde Löcher stechen. Die Fruchtbonbons je nach Größe entweder ganz in die Löcher legen oder vorher teilen und in jedes Loch nur ein Stück legen.

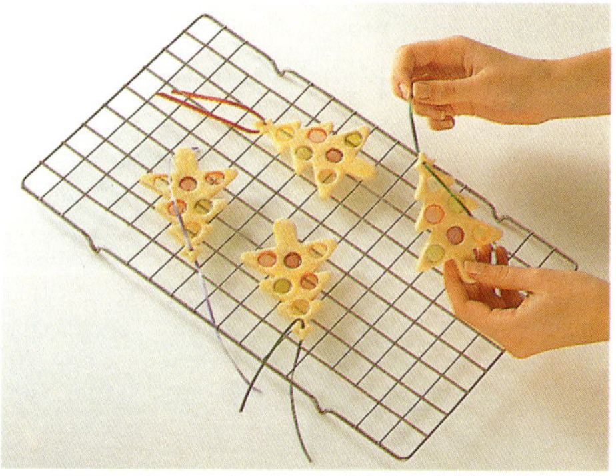

5 In die Spitze ein Loch für das Band stechen. Ca. 15-20 Minuten backen, bis die Plätzchen goldgelb und die Bonbons geschmolzen sind und die Löcher ausfüllen. Auf dem Blech abkühlen lassen. Kurze Bänder durch die Löcher in der Spitze ziehen, so daß die Bäumchen aufgehängt werden können.

Preiselbeer-Schokoladen-Würfel

Kräftig-scharfe Preiselbeeren und süße Schokolade - zwei kontrastierende Geschmacksrichtungen gehen in diesem Gebäck eine perfekte Verbindung ein.

Für 12 Stück

ZUTATEN

115 g Butter
4 EL Kakaopulver
215 g hellbrauner Rohrzucker
150 g backfertiges Mehl (mit Triebmittel)
2 Eier
115 g frische oder aufgetaute Preiselbeeren
Für die Decke
150 ml saure Sahne
75 g feinkörniger Zucker
2 EL backfertiges Mehl
50 g weiche Margarine
1 Ei
½ TL Vanillearoma
5 EL grob geriebene Bitterschokolade

1 Den Ofen auf 180 °C vorheizen. Eine 18 x 25 cm große Kuchenform einfetten und leicht mit Mehl bestäuben. Butter, Kakaopulver und Zucker in einem Topf mischen und unter Umrühren auf kleinem Feuer zerlassen.

2 Vom Herd nehmen, das Mehl und die geschlagenen Eier unterrühren. Die Preiselbeeren untermischen und die Masse in der Kuchenform verteilen.

3 Für die Deckschicht das Ei schlagen und alle Zutaten außer der Schokolade in einer Schüssel gut vermischen.

4 Glatt schlagen und gleichmäßig auf der unteren Schicht verteilen. Mit der geriebenen Schokolade bestreuen und 40-45 Minuten backen, bis das Gebäck aufgegangen ist und fest wird. In der Form abkühlen lassen, dann in 12 quadratische Stücke schneiden.

Biscotti

Diese italienische Leckerei wird gebacken, aufgeschnitten, so daß Mandeln und Pistazien sichtbar werden, und noch einmal gebacken, bis die Biscotti goldgelb und knusprig sind. Traditionell werden sie vor dem Verzehr in Vin santo, einen süßen Dessertwein, getaucht.

Für 24 Stück

ZUTATEN

50 g Butter
115 g feinkörniger Zucker
175 g backfertiges Mehl (mit Triebmittel)
1 Prise Salz
2 TL Backpulver
1 TL gemahlener Koriander
fein geriebene Schale von 1 Zitrone
50 g Polenta
1 Ei
2 TL Weinbrand oder Orangenlikör
50 g Mandeln in der Schale
50 g Pistazien

1 Den Ofen auf 160 °C vorheizen. Ein Backblech leicht einfetten. Butter und Zucker in einer Schüssel cremig rühren.

2 Mehl, Salz, Backpulver und Koriander in die Schüssel sieben. Zitronenschale, Polenta, Weinbrand bzw. Likör und das leicht geschlagene Ei dazugeben und alles zu einem weichen Teig verarbeiten. Mandeln und Pistazien dazugeben und gleichmäßig unterrühren.

3 Den Teig halbieren. Zwei ca. 23 cm lange und 6 cm breite flache Brote formen. Ca. 30 Minuten backen, bis der Teig aufgegangen und fest ist. Aus dem Ofen nehmen.

4 Nach dem Abkühlen jedes Brot schräg in 12 dünne Scheiben schneiden. Wieder auf das Backblech legen und weitere 10 Minuten knusprig backen.

5 Auf einem Kuchengitter vollständig auskühlen lassen. In einem luftdicht schließenden Behälter sind Biscotti bis zu einer Woche haltbar.

Sultaninen-Mais-Plätzchen

Diese kleinen gelben Plätzchen kommen aus der italienischen Region Veneto.

Für 48 Stück

ZUTATEN

75 g Sultaninen
115 g feines gelbes Maismehl (Polenta)
175 g Mehl
1½ TL Backpulver
1 Prise Salz
225 g Butter
225 g grobkörniger Zucker
2 Eier
1 EL Marsala (Dessertwein) oder 1 TL Vanillearoma

1 Die Sultaninen 15 Minuten in einer kleinen Schüssel mit warmem Wasser einweichen. Abtropfen lassen. Den Ofen auf 180 °C vorheizen. Ein Backblech einfetten.

2 Maismehl, Mehl, Backpulver und Salz in eine Mixschüssel sieben und beiseite stellen.

3 Butter und Zucker zu einer lockerschaumigen Masse schlagen. Die Eier einzeln unterschlagen, danach Marsala bzw. Vanillearoma dazugeben.

4 Die trockenen Zutaten zur Buttermischung geben und mit dem Mixgerät gut vermischen. Die Sultaninen unterheben.

5 Den Teig teelöffelweise auf das vorbereitete Blech setzen, dabei in Reihen mit ca. 5 cm Abstand anordnen. 7-8 Minuten backen, bis die Ränder leicht gebräunt sind. Auf einem Kuchengitter abkühlen lassen.

Amaretti

Sind keine bitteren Mandeln verfügbar, können dafür auch süße verwendet werden.

Für 36 Stück

ZUTATEN

150 g süße Mandeln
50 g bittere Mandeln
225 g feinkörniger Zucker
2 Eiweiß
½ TL Mandelaroma oder 1 TL Vanillearoma
Puderzucker zum Bestäuben

1 Den Ofen auf 160 °C vorheizen. Die Mandeln 1-2 Minuten in kochendes Wasser geben. Abtropfen lassen. In einem Geschirrtuch aneinanderreiben, so daß sich die Schalen lösen.

2 Die Mandeln auf ein Backblech geben und im Ofen 10-15 Minuten trocknen, aber nicht bräunen lassen. Aus dem Ofen nehmen und abkühlen lassen. Den Ofen ausschalten. Die Mandeln mit Mehl bestäuben.

3 Die Mandeln mit der Hälfte des Zuckers in der Küchenmaschine oder im Lebensmittelzerkleinerer mahlen. Die Eiweiß mit dem Mixgerät steif schlagen.

4 Die reichliche Hälfte des restlichen Zuckers über die Eiweißmasse streuen und weiterschlagen, bis sich feste Spitzen ziehen lassen. Den verbleibenden Zucker sowie das Mandel- bzw. Vanillearoma und die Mandeln vorsichtig unterheben.

5 Die Masse in einen Spritzbeutel mit glatter Tülle füllen und walnußgroße Kreise spritzen. Leicht mit Puderzucker bestäuben und 2 Stunden ruhen lassen. Kurz vor Ablauf dieser Zeit den Ofen wieder einschalten und auf 180 °C vorheizen.

6 15 Minuten hell-goldgelb backen. Aus dem Ofen nehmen und auf einem Kuchengitter abkühlen lassen.

Makronen

Dieses Gebäck erhält seinen wunderbaren Geschmack nur durch frischgemahlene Mandeln, die vorher noch leicht geröstet werden. Wer "richtige" Makronen backen will, sollte deshalb auf gemahlene Mandeln aus dem Supermarkt verzichten.

Für 12 Stück

ZUTATEN

115 g blanchierte geröstete Mandeln
165 g feinkörniger Zucker
2 Eiweiß
½ TL Mandel- oder Vanillearoma
Puderzucker zum Bestäuben

1 Den Ofen auf 180 °C vorheizen. Ein großes Backblech mit Backpapier auslegen. 12 Mandeln zum Verzieren aufheben. Die restlichen Mandeln mit dem Zucker in der Küchenmaschine mahlen.

2 Bei laufender Maschine nach und nach so viel Eiweiß zugeben, daß ein weicher Teig entsteht. Mandel- oder Vanillearoma zugeben und alles gut vermischen.

3 Die Masse mit angefeuchteten Händen zu walnußgroßen Kugeln formen und diese auf das Backblech setzen.

4 Jede Kugel mit einer Mandel verzieren, leicht flachdrücken und mit etwas Puderzucker bestäuben. Ca. 10-12 Minuten backen, bis die Makronen oben goldgelb und fest sind. Das Blech auf ein Kuchengitter stellen, leicht abkühlen lassen, dann die Makronen vom Papier lösen und vollständig auskühlen lassen.

Unser Tip Die Mandeln zum Rösten auf einem Backblech ausbreiten und für 10-15 Minuten in den vorgeheizten Ofen stellen. Sie müssen goldgelb sein. Vor dem Mahlen abkühlen lassen.

Madeleines

Dieses in einer speziellen Form mit muschelförmigen Mulden gebackene Teegebäck wurde von Marcel Proust bekannt gemacht, der es in seinem Roman erwähnt. Madeleines sollten an einem Tag gebacken und verzehrt werden.

Für 12 Stück

ZUTATEN

165 g Mehl
1 TL Backpulver
2 Eier
75 g Puderzucker, dazu etwas zum Bestäuben
abgeriebene Schale von 1 Zitrone oder Orange
1 EL Zitronen- oder Orangensaft
75 g Butter

1 Den Ofen auf 190 °C vorheizen. Eine Form für 12 Madeleines großzügig buttern. Mehl und Backpulver zusammen sieben.

2 Eier und Puderzucker mit dem Mixgerät 5-7 Minuten schlagen, bis die Masse dick und cremig ist und Fäden zieht, wenn die Schlagbesen herausgenommen werden. Zitronen- bzw. Orangenschale und -saft vorsichtig unterheben.

3 Das Mehl und die zerlassene und leicht abgekühlte Butter abwechselnd in jeweils vier Portionen unterheben, dabei mit dem Mehl beginnen. Die Mischung 10 Minuten ruhen lassen, dann vorsichtig in die Form löffeln. Die Form leicht aufschlagen, um Luftblasen zu beseitigen.

4 12-15 Minuten backen. Die Form nach der Hälfte der Backzeit umdrehen. Mit einem Stäbchen oder Spieß testen, ob das Gebäck durch ist. Die Form auf ein Kuchengitter stürzen, die Madeleines vollständig abkühlen lassen und vor dem Verzehr mit Puderzucker bestäuben.

Unser Tip Sollte keine spezielle Madeleines-Form vorhanden sein, kann man auch eine andere – vorzugsweise beschichtete – Form mit Vertiefungen ähnlicher Größe verwenden. Das Gebäck hat dann zwar nicht die typische Muschelform, sieht aber mit Puderzucker bestäubt trotzdem hübsch aus.

Schokoladen-Makronen

Für 24 Stück

ZUTATEN

50 g Bitterschokolade
115 g blanchierte Mandeln
225 g grobkörniger Zucker
ca. 3 Eiweiß
$\frac{1}{2}$ TL Vanillearoma
$\frac{1}{4}$ TL Mandelaroma
Puderzucker zum Bestäuben

1 Den Ofen auf 160 °C vorheizen. Zwei Backbleche mit Butterbrotpapier auslegen und das Papier einfetten.

2 Die Schokolade in einer Schüssel oder einem Topfeinsatz über heißem Wasser zerlassen.

3 Die Mandeln in der Küchenmaschine oder im Lebensmittelzerkleinerer fein mahlen. In eine Mixschüssel geben.

4 Zucker, Eiweiß, Vanille- und Mandelaroma dazugeben und gut vermischen. Die Schokolade unterrühren. Die Mischung sollte nicht zerlaufen, sondern die Form halten. Wenn sie zu weich ist, 15 Minuten kalt stellen.

5 Den Teig mit einem Teelöffel portionieren und mit den Händen zu walnußgroßen Kugeln formen. Auf die vorbereiteten Bleche setzen und leicht flachdrücken.

6 Die Kugeln mit etwas Wasser bestreichen und mit einer dünnen Schicht Puderzucker bestäuben. 10-12 Minuten backen, bis die Makronen fest werden. Mit einem Streichmesser vom Papier lösen und zum Abkühlen auf ein Kuchengitter legen.

Variation Für Schokoladen-Makronen mit Pinienkernen 75 g Pinienkerne auf einen Teller geben. Die Teigkugeln hineindrücken, so daß eine Seite von Kernen bedeckt ist. Mit dieser Seite nach oben wie beschrieben backen.

Kokos-Makronen

Für 24 Stück

ZUTATEN

40 g Mehl
1 Prise Salz
215 g Kokosraspel
150 ml gesüßte Kondensmilch
1 TL Vanillearoma

1 Den Ofen auf 180 °C vorheizen. Zwei Backbleche mit Butterbrotpapier auslegen und das Papier einfetten.

2 Mehl und Salz in eine große Schüssel sieben. Die Kokosraspel unterrühren.

3 Die gesüßte Kondensmilch und das Vanillearoma dazugeben. Von der Mitte her verrühren. Weiterrühren, bis der Teig dickflüssig ist.

4 Jeweils einen gehäuften Teelöffel Teig auf das vorbereitete Blech setzen. Zwischen den Häufchen 2,5 cm Abstand lassen. Die Makronen ca. 20 Minuten goldbraun backen. Zum Abkühlen auf ein Kuchengitter legen.

Variation Für eine ganz besonders verführerische Süßigkeit die gebackenen Makronen in zerlassene Bitterschokolade tauchen. Auf Butterbrotpapier setzen und den Überzug aushärten lassen. Ideal zum Espresso am Ende eines Abendessens.

Weinbrand-Röllchen

Diesen süßen Genuß sollte man sich zu Festen, Feiern oder anderen besonderen Anlässen gönnen.

Für 18 Stück

ZUTATEN

50 g Butter
150 g feinkörniger Zucker
1 gehäufter Eßlöffel heller Sirup
40 g Mehl
½ TL gemahlener Ingwer
Für die Füllung
250 ml Schlagsahne
30 ml Weinbrand

1 Butter und Zucker zu einer locker-schaumigen Masse schlagen. Den Sirup dazugeben und weiter schlagen. Mehl und Ingwer darübersieben und zu einem groben Teig verarbeiten.

2 Den Teig auf einer Arbeitsfläche glattkneten. Zugedeckt 30 Minuten kalt stellen.

3 Den Ofen auf 190 °C vorheizen. Ein Backblech einfetten.

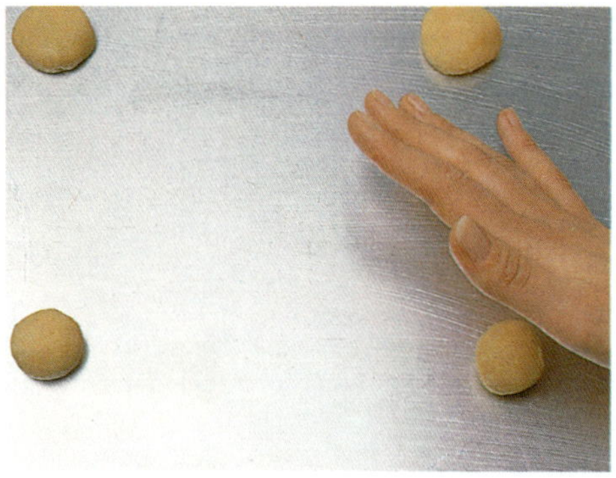

4 Jeweils vier walnußgroße Teigkugeln formen. Mit großem Abstand auf das vorbereitete Blech setzen und flachdrücken. Ca. 10 Minuten goldgelb backen.

5 Das Blech aus dem Ofen nehmen und abkühlen lassen. Das Gebäck vom Blech lösen, umdrehen und um den Stiel eines Holzlöffels wickeln. Wenn die Röllchen festgeworden sind, herunterschieben und zum Abkühlen auf ein Kuchengitter legen.

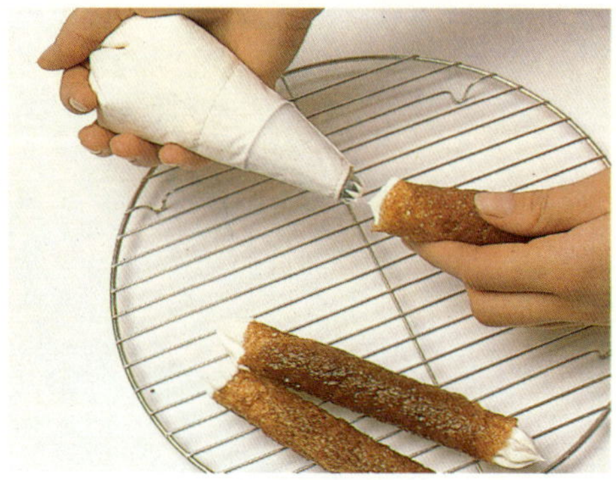

6 Für die Füllung die Sahne mit dem Weinbrand steif schlagen. In einen Spritzbeutel füllen und unmittelbar vor dem Servieren von beiden Seiten in die Röllchen spritzen.

Haselnußkipfel mit Schokoladenüberzug

Anstelle der Haselnüsse können auch fein gemahlene Wal- oder Pekannüsse verwendet werden.

Für 35 Stück

ZUTATEN

300 g Mehl
1 Prise Salz
225 g Butter
50 g feinkörniger Zucker
1 EL Haselnußlikör oder Wasser
1 TL Vanillearoma
75 g geriebene Bitterschokolade
65 g feingehackte geröstete Haselnüsse
Puderzucker zum Bestäuben
350 g Bitterschokolade für den Überzug

1 Den Ofen auf 160 °C vorheizen. Zwei große Backbleche einfetten. Mehl und Salz in eine kleine Schüssel sieben.

2 Die Butter in einer großen Schüssel mit dem Mixgerät cremig rühren. Den Zucker dazugeben und alles schaumig schlagen, dann Haselnußlikör bzw. Wasser und Vanillearoma unterrühren. Vorsichtig das Mehl untermischen, dann die geriebene Schokolade und die Haselnüsse unterheben.

3 Den Teig mit bemehlten Händen in 5 x 1 cm große Kipfel formen. Im Abstand von 5 cm auf die vorbereiteten Bleche legen. 20-25 Minuten backen, bis das Gebäck leicht goldgelb und außen fest ist. Die Bleche herausnehmen und 10 Minuten abkühlen lassen. Die Kipfel herunternehmen und auf einem Kuchengitter vollständig auskühlen lassen.

4 Die Bleche mit Backpapier auslegen. Die Kipfel mit Puderzucker bestäuben. Die Bitterschokolade zerlassen. Die Kipfel mit der Hand oder einer Küchenzange jeweils zur Hälfte in die Schokolade tauchen. Auf die Bleche legen. Kalt stellen, bis der Überzug festgeworden ist.

Schwarz-weiße Ingwer-Florentiner

Diese Florentiner können in einem luftdicht schließenden Behälter und gekühlt eine Woche aufbewahrt werden.

Für 30 Stück

ZUTATEN

120 ml Sahne
50 g Butter
90 g grobkörniger Zucker
2 EL Honig
150 g gehobelte Mandeln
40 g Mehl
½ TL gemahlener Ingwer
50 g Orangeat in Würfelchen
65 g Ingwerwurzel in Würfelchen
200 g Bitterschokolade
150 g hochwertige weiße Schokolade

1 Den Ofen auf 180 °C vorheizen. Zwei große Backbleche leicht einfetten. Sahne, Butter, Zucker und Honig in einem Topf vermischen und auf mittlere Flamme unter Rühren erhitzen, bis sich der Zucker aufgelöst hat. Zum Kochen bringen, dabei ständig rühren.

2 Vom Herd nehmen. Mandeln, Mehl und gemahlenen Ingwer unterrühren. Orangeat, Ingwerwurzel und 50 g der fein zerkleinerten Bitterschokolade untermischen.

3 Die Mischung teelöffelweise auf die Bleche geben, dabei ca. 7,5 cm Abstand halten und mit der Rückseite eines Löffels so dünn wie möglich ausstreichen (den Löffel in Wasser tauchen, damit der Teig nicht anklebt).

4 Jeweils ein Blech 8-10 Minuten backen, bis die Florentiner an den Rändern gebräunt sind und in der Mitte Blasen werfen. Die Backzeit darf nicht zu kurz sein, sonst klebt das Gebäck, sie darf aber auch nicht zu lang sein, da es sehr schnell verbrennt. Wer mag, kann den Florentinern auf dem Blech mit einer runden Ausstechform (7,5 cm) eine gleichmäßige Form geben.

5 Das Backblech auf einem Kuchengitter 10 Minuten abkühlen lassen. Die Florentiner mit einem Streichmesser vom Blech lösen und auf dem Kuchengitter vollständig auskühlen lassen.

6 Die restliche Schokolade in einem kleinen Topf auf niedriger Flamme zerlassen. Häufig umrühren, bis die Masse glatt ist. Leicht abkühlen lassen. Die weiße Schokolade in einem Topfeinsatz über heißem Wasser zerlassen, ebenfalls häufig umrühren. Den Einsatz aus dem Topf nehmen und ca. 5 Minuten abkühlen lassen. Ab und zu umrühren, bis die Masse etwas eingedickt ist.

7 Die Hälfte der Florentiner mit weißer, die andere Hälfte mit Bitterschokolade verzieren. Dazu die Schokolade mit einem kleinen Streichmesser auf die flache Seite auftragen. Das Messer kreisförmig führen, um eine dekorative Oberfläche zu erhalten. Mit der verzierten Seite nach oben auf ein Kuchengitter legen. 10-15 Minuten kalt stellen, damit der Überzug vollständig aushärtet.

Tuiles d'Amandes

Dieses Gebäck ist nach den französischen Dachziegeln benannt, deren Form es aufweist. Es ist nicht ganz leicht herzustellen, man sollte deshalb immer nur vier Stück auf einmal backen, bis man den Dreh heraus hat. Dann sind die Tuiles kein Problem mehr.

Für 24 Stück

ZUTATEN

65 g blanchierte und leicht geröstete Mandeln
65 g feinkörniger Zucker
40 g Butter
2 Eiweiß
½ TL Mandelaroma
30 g Mehl
50 g gehobelte Mandeln

Unser Tip Wenn die Tuiles zusammenfallen oder weich werden, auf einem Blech bei mäßiger Hitze aufbacken, bis sie wieder ganz flach sind. Dann von neuem formen.

1 Den Ofen auf 200 °C vorheizen. Zwei schwere Backbleche großzügig buttern.

2 Die Mandeln und 2 EL des Zuckers in der Küchenmaschine oder im Lebensmittelzerkleinerer fein mahlen.

3 Die Butter cremig rühren, den restlichen Zucker dazugeben und locker-schaumig schlagen. Die Eiweiß unterrühren, dann das Mandelaroma hinzufügen. Das Mehl über die Buttermischung sieben und unterheben, dann die gemahlenen Mandeln unterheben.

4 Die Mischung eßlöffelweise auf die vorbereiteten Bleche geben, dabei ca. 15 cm Abstand halten. Die Häufchen mit der Rückseite eines in Wasser getauchten Löffels zu hauchdünnen Kreisen von 7,5 cm Durchmesser ausstreichen. Mit gehobelten Mandeln bestreuen.

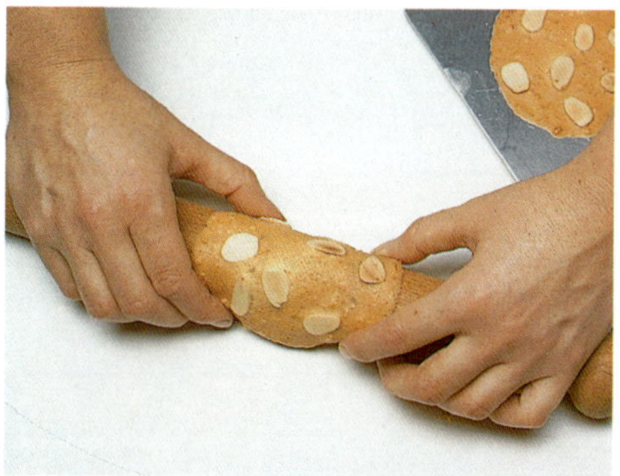

5 Jedes Blech einzeln 5-6 Minuten backen, bis die Kreise an den Rändern goldgelb, in der Mitte aber noch hell sind. Die Cookies mit einem schmalen Streichmesser nacheinander vom Blech lösen, dabei möglichst schnell arbeiten. Dann mit dem Streichmesser auf ein Nudelholz legen. Die Seiten nach unten drücken, damit die halbrunde Form entsteht.

6 Wenn die Tuiles leicht abgekühlt sind, auf ein Kuchengitter legen. Werden sie zu fest zum Formen, das Blech noch einmal für 15-30 Sekunden in den heißen Ofen schieben.

Mandelplätzchen

Für 30 Stück

ZUTATEN

175 g Butter oder Margarine
225 g backfertiges Mehl (mit Triebmittel)
150 g feinkörniger Zucker
½ TL gemahlener Zimt
1 Ei
2 EL kaltes Wasser
50 g gehobelte Mandeln

1 Den Ofen auf 180 °C vorheizen. Die kleingeschnittene Butter bzw. Margarine leicht in das Mehl kneten. 1 EL Zucker abnehmen, den Rest mit dem Zimt vermischen und unter das Mehl rühren. Das Ei trennen und das Eigelb und das Wasser untermischen.

2 Einen festen Teig herstellen und auf einer leicht bemehlten Arbeitsfläche 1 cm dick ausrollen. Die gehobelten Mandeln darüberstreuen. Dann noch einmal rollen, bis der Teig ca. 5 mm dick ist.

3 Mit einer in Mehl getauchten runden Form mit Wellenrand Plätzchen ausstechen. Mit einem Streichmesser auf ein ungefettetes Blech legen. Die Teigreste erneut kneten, ausrollen und weitere Plätzchen ausstechen. Das Eiweiß leicht schlagen und die Plätzchen damit bestreichen. Den restlichen Zucker darüberstreuen.

4 Ca. 10-15 Minuten goldgelb backen. Die Plätzchen mit einem Streichmesser vom Blech nehmen. Sie sind noch weich, werden aber beim Abkühlen rasch fest. Auf einem Kuchengitter vollständig auskühlen lassen.

Mandel-Spitzenplätzchen

Für 18 Stück

ZUTATEN

50 g blanchierte Mandeln
50 g Butter
3 EL Mehl
115 g grobkörniger Zucker
2 EL Sahne
½ TL Vanillearoma

Variation 40 g feingehacktes Orangeat dazugeben.

1 Den Ofen auf 190 °C vorheizen. 1-2 Backbleche einfetten.

2 Die Mandeln mit einem scharfen Messer so fein wie möglich hacken. Dazu kann auch die Küchenmaschine oder der Lebensmittelzerkleinerer verwendet werden.

3 Die Butter in einem Topf auf kleiner Flamme zerlassen. Vom Herd nehmen und die restlichen Zutaten, einschließlich der Mandeln, unterrühren.

4 Den Teig teelöffelweise auf das vorbereitete Blech setzen, dabei 6 cm Abstand einhalten. Ca. 5 Minuten goldgelb backen. Kurz auf dem Blech abkühlen lassen, bis die Plätzchen fest genug zum Herunternehmen sind.

5 Mit einem breiten Streichmesser auf ein Kuchengitter legen und vollständig auskühlen lassen.

Haferflocken-Spitzenplätzchen

Für 36 Stück

ZUTATEN

165 g Butter oder Margarine
175 g Haferflocken
175 g dunkelbrauner Zucker
175 g grobkörniger Zucker
3 EL Mehl
1 Prise Salz
1 Ei
1 TL Vanillearoma
50 g feingehackte Pekan- oder Walnüsse

1 Den Ofen auf 180 °C vorheizen. Zwei Backbleche einfetten.

2 Die Butter bzw. Margarine in einem Topf auf kleiner Flamme zerlassen. Beiseite stellen.

3 Haferflocken, Mehl, Salz und die beiden Sorten Zucker in einer Mixschüssel vermischen.

4 Die Butter bzw. Margarine dazugeben, danach das leicht geschlagene Ei und das Vanillearoma.

5 Alles gut vermischen, dann die gehackten Nüsse unterrühren.

6 Den Teig teelöffelweise auf die vorbereiteten Bleche geben, dabei ca. 5 cm Abstand einhalten. Die Häufchen leicht abrunden. 5-8 Minuten backen, bis die Plätzchen kleine Blasen werfen und an den Rändern hellbraun sind. 2 Minuten abkühlen lassen, dann zum vollständigen Auskühlen auf ein Kuchengitter legen.

Erdbeertörtchen

Ein beliebtes sommerliches Dessert in Amerika.

Für 6 Stück

ZUTATEN

450 g Erdbeeren ohne Blüte
3 EL Puderzucker
250 ml Schlagsahne
Minzeblättchen zum Dekorieren
Für den Teig
250 g Mehl
75 g feinkörniger Zucker
1 EL Backpulver
1 Prise Salz
225 ml Schlagsahne

Unser Tip Das Schlagen von Sahne wird erleichtert, wenn Schüssel und Schlagbesen vorher gut gekühlt werden. Wird ein elektrisches Mixgerät verwendet, die Geschwindigkeit allmählich erhöhen. Die Schüssel drehen, damit so viel Luft wie möglich an die Schlagsahne kommt.

1 Den Ofen auf 200 °C vorheizen. Ein Backblech leicht einfetten.

2 Für den Teig das Mehl in eine Mixschüssel sieben. 50 g des Zuckers sowie Backpulver und Salz dazugeben und gut vermischen.

3 Nach und nach die Sahne dazugießen, dabei mit einer Gabel leicht rühren, bis die Masse Klümpchen bildet.

4 Den Teig locker zusammennehmen, aber nicht kneten. Zu einer 15 cm langen Rolle formen. In sechs Scheiben schneiden und diese auf das vorbereitete Blech legen.

5 Mit dem restlichen Zucker bestreuen. Ca. 15 Minuten backen, bis das Gebäck ganz schwach gebräunt ist. Auf einem Kuchengitter abkühlen lassen.

6 Die Erdbeeren zerteilen und ein Viertel der Menge zerdrücken und mit Puderzucker vermischen. Den Rest der Beeren unterrühren und eine Stunde stehen lassen.

7 Unmittelbar vor dem Servieren die Schlagsahne steif schlagen.

8 Die Gebäckstücke quer halbieren. Die Unterteile auf Teller setzen und mit etwas Schlagsahne bestreichen. Jeweils ein Sechstel der Erdbeeren daraufgeben und die Oberteile aufsetzen. Mit der restlichen Schlagsahne servieren.

Orangen-Shortbread

Diese Gebäckstreifen sind ideal zu Tee oder Kaffee. In einem luftdicht schließenden Behälter halten sie sich bis zu zwei Wochen.

Für 18 Stück

ZUTATEN

115 g Butter
50 g feinkörniger Zucker, dazu etwas zum Bestreuen
feingeriebene Schale von 2 Orangen
175 g Mehl

1 Den Ofen auf 190 °C vorheizen. Ein großes Backblech einfetten. Butter und Zucker cremig rühren. Die Orangenschale unterrühren.

2 Nach und nach das Mehl dazugeben und den Teig zu einer lockeren Kugel verarbeiten. Den Teig auf einer leicht bemehlten Arbeitsfläche ca. 1 cm dick ausrollen. In schmale Rechtecke schneiden, mit etwas Zucker bestreuen und auf das Blech legen. Mit einer Gabel anstechen. Ca. 20 Minuten hellgoldgelb backen.

Gefüllte Himbeerplätzchen

Kinder lieben diese Nascherei mit Konfitürefüllung.

Für 32 Stück

ZUTATEN

115 g blanchierte Mandeln
175 g Mehl
175 g Butter
115 g feinkörniger Zucker
abgeriebene Schale von 1 Zitrone
1 TL Vanillearoma
1 Eiweiß
1 Prise Salz
40 g gehackte Mandelstifte
350 g Himbeerkonfitüre
1 EL Zitronensaft

1 Die Mandeln mit 3 EL des Mehls fein mahlen.

2 Butter und Zucker zu einer lockerschaumigen Masse schlagen. Zitronenschale und Vanillearoma unterrühren. Die gemahlenen Mandeln und das restliche Mehl dazugeben und alles zu einem Teig verarbeiten. Zu einer Kugel formen, in Butterbrotpapier wickeln und 1 Stunde kalt stellen. Den Ofen auf 160 °C vorheizen. Zwei Backbleche mit Butterbrotpapier auslegen.

3 Den Teig vierteln und die Portionen auf einer leicht bemehlten Arbeitsfläche 3 mm dick ausrollen. Mit einer in Mehl getauchten runden Form (∅ 6 cm) Plätzchen ausstechen. Bei der Hälfte davon in der Mitte ein Loch ausstechen.

4 Ist der Teig aufgebraucht, überprüfen, ob Kreise und Ringe in gleicher Anzahl vorhanden sind. Alle Teile mit 1 cm Abstand auf die vorbereiteten Bleche legen.

5 Das Eiweiß mit dem Salz schaumig schlagen. Nur die Ringe damit bestreichen und mit den gehackten Mandelstiften bestreuen. 12-15 Minuten backen, bis die Plätzchen leicht gebräunt sind. Einige Minuten auf dem Blech abkühlen lassen, dann auf ein Kuchengitter legen.

6 Die Konfitüre mit dem Zitronensaft vermischen und erhitzen, bis sie anfängt zu köcheln. Die Teigkreise mit Konfitüre bestreichen und je einen Ring daraufsetzen. In einem luftdichten Gefäß mit Butterbrotpapier zwischen jeder Lage aufbewahren.

Pekannuß-Törtchen

Ein süßer Genuß zum Kaffee.

Für 24 Stück

ZUTATEN

115 g Quark
115 g Butter
115 g Mehl
Für die Füllung
2 Eier
115 g dunkelbrauner Zucker
1 TL Vanillearoma
1 Prise Salz
25 g Butter
115 g Pekannüsse

1 Ein Backblech in den Ofen schieben und auf 180 °C vorheizen. 24 Mini-Muffin-Formen einfetten.

2 Den Quark und die zerkleinerte Butter in eine Schüssel geben. Das Mehl darübersieben und einen Teig kneten.

3 Den Teig dünn ausrollen. Mit einer in Mehl getauchten Form mit Wellenrand 24 Kreise von 7 cm ∅ ausstechen. Die Förmchen damit auslegen.

4 Für die Füllung die Eier in einer Schüssel leicht schlagen. Nach und nach jeweils einige Eßlöffel Zucker dazugeben und unterschlagen. Vanillearoma, Salz und die zerlassene Butter hinzufügen. Beiseite stellen.

5 24 ganze Pekannußhälften als Garnierung aufheben, den Rest mit einem Messer grob hacken.

6 In jede Form einen Löffel gehackte Nüsse geben und mit der Füllung bedecken. Eine halbe Pekannuß in die Mitte setzen.

7 Auf das heiße Blech setzen und ca. 20 Minuten backen, bis die Törtchen gegangen sind. Zum Abkühlen auf ein Kuchengitter legen. Mit Zimmertemperatur servieren.

Variation Für Konfitüretörtchen die Teigschale mit Konfitüre aus Himbeeren, Brombeeren oder anderen Früchten füllen. Wie beschrieben backen.

Pekannuß-Kugeln

Für 24 Stück

ZUTATEN

115 g Butter
2 EL grobkörniger Zucker
1 Prise Salz
1 TL Vanillearoma
115 g Pekannüsse
115 g Mehl
Puderzucker zum Bestäuben

1 Den Ofen auf 150 °C vorheizen. Zwei Backbleche einfetten.

2 Butter und Zucker zu einer locker-schaumigen Masse schlagen. Salz und Vanillearoma unterrühren.

3 Die Nüsse in der Küchenmaschine, der Mandelmühle oder im Lebensmittelzerkleinerer mahlen.

4 Die gemahlenen Nüsse über einer Schüssel sieben, damit sie Luft aufnehmen. Zu große Stücke können nochmals gemahlen werden.

5 Die Nüsse und das gesiebte Mehl in die Buttermischung rühren und einen Teig herstellen. Mit den Händen zu murmelgroßen Kugeln formen. Auf die vorbereiteten Bleche setzen und 45 Minuten backen.

6 Die noch heißen Kugeln in Puderzucker wälzen. Vollständig auskühlen lassen, dann noch einmal in Puderzucker wälzen.

Sablés mit Ziegenkäse und Erdbeeren

Sablés sind kleine französische Kekse mit Eigelb und Butter. Sie sind kross und leicht gesüßt und bilden einen interessanten Kontrast zum herzhaften Ziegenkäse und den saftigen Erdbeeren.

Für 24 Stück

ZUTATEN

75 g Butter
150 g Mehl
75 g leicht geröstete blanchierte Haselnüsse
2 EL feinkörniger Zucker
2 Eigelb
2-3 EL Wasser
115 g Ziegenkäse
4-6 große Erdbeeren
Haselnüsse und Minze zum Garnieren

1 Die Haselnüsse mahlen. Eigelb und Wasser verschlagen. Butter, Mehl, Nüsse und Eigelb zu einem glatten Teig verarbeiten. Den Teig entnehmen und zu einer ca. 4 cm dicken Rolle formen. Einwickeln und kalt stellen.

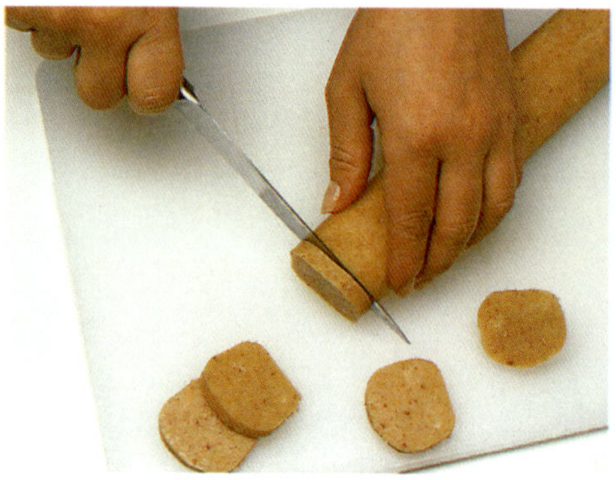

2 Den Ofen auf 200 °C vorheizen. Ein großes Backblech mit Backpapier auslegen. Den Teig mit einem scharfen Messer in 5 mm dicke Scheiben schneiden. Die Scheiben auf das Blech legen. 7-10 Minuten goldbraun backen. Auf einem Kuchengitter abkühlen und leicht aushärten lassen.

3 Den Ziegenkäse auf einem Teller zerkleinern. Die Erdbeeren in Stücke schneiden. Auf jedes Sablé etwas Käse und ein Stück Erdbeere geben. Mit Haselnüssen bestreuen. Warm servieren.

Variation Diese Sablés sind auch mit anderen Früchten kombinierbar. Dazu 75 g Cream Cheese oder Quark mit 1 EL Puderzucker und etwas Orangen- oder Zitronenschale verrühren. Die Sablés damit bestreichen und mit einigen Fruchtstücken garnieren. (z. B. Kiwi, Pfirsich)

Kaffeebiskuits

Diese leichten Cookies kann man auch pur genießen, aber noch besser schmecken sie mit einer Füllung aus fettarmem Frischkäse und gehackter Ingwerwurzel.

Für 12 Stück

ZUTATEN

50 g Mehl
1 EL Instant-Kaffeepulver
2 Eier
75 g feinkörniger Zucker
Für die Füllung
115 g fettarmer Frischkäse
40 g gehackte Ingwerwurzel

1 Den Ofen auf 190 °C vorheizen. Mehl und Kaffeepulver zusammen sieben. Für die Füllung Frischkäse und Ingwer schlagen. Kalt stellen.

2 Eier und Zucker vermischen und mit dem Mixgerät zu einer dicken schaumigen Masse schlagen.

3 Die Mehl-Kaffee-Mischung dazugeben und mit einem Metalllöffel vorsichtig unterheben. Der Teig darf nicht einfallen.

4 Den Teig mit dem Löffel in einen Spritzbeutel mit glatter Tülle (1 cm) füllen. Kreise von 4 cm Durchmesser auf mit Papier ausgelegte Backbleche spritzen. 12 Minuten backen. Auf einem Kuchengitter abkühlen lassen und füllen.

Lady Fingers

Dieses Gebäck wurde nach den schlanken weißen Fingern vornehmer Damen benannt.

Für 18 Stück

ZUTATEN

90 g Mehl
1 Prise Salz
4 Eier
115 g grobkörniger Zucker
½ TL Vanillearoma
Puderzucker zum Bestäuben

1 Den Ofen auf 150 °C vorheizen. Zwei Backbleche einfetten und leicht mit Mehl bestäuben. Überschüssiges Mehl herunterschütteln.

2 Mehl und Salz zweimal sieben.

3 Die Eier trennen. Die Eigelb und die Hälfte des Zuckers mit dem Mixgerät zu einer dicken Masse schlagen, die Fäden zieht, wenn die Schlagbesen herausgezogen werden.

4 Die Eiweiß in einer anderen Schüssel steif schlagen. Den restlichen Zucker dazugeben und zu einer glänzenden Masse schlagen.

5 Das Mehl über die Eigelbmasse sieben und einen großen Löffel Eiweiß daraufgeben. Mit einem Metalllöffel vorsichtig unterheben. Das Vanillearoma zugeben. Den Rest der Eiweißmasse unterheben.

6 Die Mischung mit dem Löffel in einen Spritzbeutel mit großer glatter Tülle geben. 10 cm lange Streifen auf das Blech spritzen, dazwischen 2,5 cm Abstand einhalten. Eine Schicht Puderzucker darübersieben. Das Blech herumdrehen, damit der überschüssige Zucker herunterfällt.

7 Ca. 20 Minuten backen, bis das Gebäck außen kross, innen aber noch weich ist. Auf dem Blech kurz abkühlen lassen, dann auf ein Kuchengitter legen.

Walnuß-Cookies

Für 60 Stück

ZUTATEN

115 g Butter oder Margarine
175 g feinkörniger Zucker
115 g Mehl
2 TL Vanillearoma
115 g feingehackte Walnüsse

1 Den Ofen auf 150 °C vorheizen. Zwei Backbleche einfetten.

2 Die Butter bzw. Margarine mit dem Mixgerät cremig rühren. 50 g Zucker dazugeben und locker-schaumig schlagen. Mehl, Vanillearoma und Walnüsse unterrühren. Den Teig teelöffelweise auf die vorbereiteten Bleche geben, dabei 2,5-5 cm Abstand einhalten. Leicht flachdrücken. Ca. 25 Minuten backen.

3 Auf ein Kuchengitter legen und über einem Backblech mit dem restlichen Zucker bestreuen.

Variation Für Mandel-Cookies die Walnüsse durch die gleiche Menge feingehackte unblanchierte Mandeln und die Hälfte des Vanillearomas durch ½ TL Mandelaroma ersetzen.

Wiener Mokkarosetten

Für 20 Stück

ZUTATEN

250 g Bitterschokolade
200 g Butter
50 g Puderzucker
2 EL starker schwarzer Kaffee
200 g Mehl
50 g Maisstärke
ca. 20 blanchierte Mandeln

Unser Tip Wenn der Teig zu fest zum Spritzen ist, noch etwas schwarzen Kaffee zugeben.

1 Den Ofen auf 190 °C vorheizen. Zwei große Backbleche leicht einfetten. 115 g der Schokolade über heißem Wasser zerlassen. Die Butter in einer Schüssel mit dem Puderzucker verrühren, bis die Masse hell und glatt ist. Die zerlassene Schokolade unterrühren, danach den Kaffee.

2 Mehl und Maisstärke darübersieben. Vorsichtig unterheben und einen weichen Teig bereiten.

3 Den Teig in einen Spritzbeutel mit großer Stern-Tülle geben und 20 Rosetten auf die vorbereiteten Bleche spritzen. Dabei Platz zwischen den Rosetten lassen.

4 In jede Rosette eine Mandel drücken. Ca. 15 Minuten backen, bis die Rosetten fest und leicht gebräunt sind. Ca. 10 Minuten auf dem Blech abkühlen lassen, dann zum vollständigen Auskühlen vorsichtig auf ein Kuchengitter legen.

5 Die restliche Schokolade zerlassen. Die Rosetten mit der Unterseite eintauchen. Auf Backpapier legen und den Überzug festwerden lassen.

Schokoladen-Amaretti

Für 24 Stück

ZUTATEN

150 g ganze blanchierte Mandeln
90 g feinkörniger Zucker
1 EL Kakaopulver
2 EL Puderzucker
2 Eiweiß
1 Prise Weinstein
1 TL Mandelaroma
gehobelte Mandeln zum Verzieren

1 Den Ofen auf 180 °C vorheizen. Die Mandeln auf ein Backblech geben und 10-12 Minuten goldbraun rösten. Abkühlen lassen. Die Temperatur auf 160 °C reduzieren. Ein großes Blech mit Backpapier auslegen. Die Mandeln mit der Hälfte des Zuckers in der Küchenmaschine fein mahlen, sie dürfen aber nicht ölig werden. In eine Schüssel geben und Kakaopulver und Puderzucker darübersieben. Beiseite stellen.

2 Eiweiß und Weinstein in einer Schüssel mit dem Mixgerät steif schlagen. Den restlichen Zucker eßlöffelweise darüberstreuen und jedes Mal gut unterrühren. Weiterschlagen, bis die Masse glatt ist und glänzt. Das Mandelaroma untermischen.

3 Die Mandel-Zucker-Mischung über die Eiweißmasse verteilen und vorsichtig unterheben. Die Mischung in einen großen Spritzbeutel mit glatter Tülle (1 cm) füllen. Im Abstand von 2,5 cm Kreise von 4 cm Durchmesser auf das Blech spritzen. In die Mitte jeweils ein Mandelscheibchen drücken.

4 12-15 Minuten backen, bis die Amaretti außen kross sind. Das Blech auf einem Kuchengitter 10 Minuten abkühlen lassen. Die Amaretti mit einem Streichmesser vom Blech nehmen und vollständig auskühlen lassen.

Schokoladen-Lebkuchen

Ob in Papier oder Zellophan gewickelt oder in einer Schachtel verpackt - diese hübschen Lebkuchen sind ein tolles Geschenk. Sie dürfen allerdings nicht zu lange im voraus hergestellt werden, da die Schokolade nach und nach ausbleicht.

Für 40 Stück

ZUTATEN

1 Packung Lebkuchenteig
115 g Bitterschokolade
115 g Vollmilchschokolade
115 g weiße Schokolade
Schokostreusel zum Verzieren
Kakaopulver oder Puderzucker zum Bestäuben

1 Zwei Backbleche einfetten. Die reichliche Hälfte des Lebkuchenteigs 5 mm dick ausrollen. Mit einer Form (4,5 cm) Herzen ausstechen. Auf das Blech legen. Die Teigreste mit dem übrigen Teig zusammenkneten, in 20 Stücke schneiden und zu Kugeln rollen. Auf das Blech setzen und mit den Fingern leicht flachdrücken.

2 Beide Bleche 30 Minuten kalt stellen. Den Ofen auf 180 °C vorheizen. 8-10 Minuten backen. Auf einem Kuchengitter abkühlen lassen.

3 Die zerkleinerte Bitterschokolade in einer Schüssel oder einem Topf über heißem Wasser zerlassen. Vollmilch- und weiße Schokolade in separaten Gefäßen zerlassen.

4 Aus Butterbrotpapier drei Spritztütchen anfertigen. Etwas von der Schokolade in die Tütchen geben und beiseite legen. Mit einem Löffel Bitterschokolade über ein Drittel der Lebkuchen geben und verteilen, so daß sie vollständig bedeckt sind (die Schokolade verläuft besser, wenn das Kuchengitter leicht auf die Arbeitsfläche gestaucht wird).

5 Vom Tütchen mit weißer Schokolade die Spitze abschneiden und einige der überzogenen Lebkuchen verzieren.

6 Die übrigen mit Bitterschokolade überzogenen Lebkuchen mit Schokostreuseln bestreuen. Die restlichen Lebkuchen mit Vollmilch- und weißer Schokolade überziehen. Einige davon mit kontrastfarbener Schokolade aus den Tütchen dekorieren. Andere mit Schokostreuseln verzieren. Alles festwerden lassen.

7 Die noch nicht verzierten Lebkuchen auf einen Teller oder ein Tablett legen und mit Kakaopulver oder Puderzucker bestäuben.

Unser Tip Wenn die Schokolade fest wird, bevor Sie mit dem Verzieren fertig sind, das Gefäß noch einmal 1-2 Minuten über heißes Wasser stellen. Wenn die Schokolade in den Spritztütchen fest wird, kurz in die Mikrowelle legen oder in einer sauberen Schüssel über heißem Wasser weich werden lassen.

Schoko-Lebkuchen mit Früchten und Nüssen

Diese hübschen Lebkuchen sind ein leckeres Geschenk, dazu sollten sie in eine dekorative Schachtel verpackt werden. Die Kombination von Walnüssen, Mandeln und Kirschen ist sehr ansprechend, man kann aber auch andere kandierte Früchte und Nüsse verwenden.

Für 20 Stück

ZUTATEN

50 g feinkörniger Zucker
75 ml Wasser
225 g Bitterschokolade
40 g Walnußhälften
75 g kandierte Kirschen, längs geteilt
115 g blanchierte Mandeln
Für die Lebkuchen
115 g Butter
115 g hellbrauner Rohrzucker
1 Ei
115 g dunkler Sirup
400 g backfertiges Mehl (mit Triebmittel)
1 TL gemahlener Ingwer
½ TL gemahlene Nelken
½ TL Chilipulver

Unser Tip Die Lebkuchen vorsichtig in eine mit Servietten ausgelegte Geschenkbox schichten oder je einen Stapel in Zellophan wickeln.

1 Für die Lebkuchen Butter und Zucker zu einer hellen schaumigen Masse rühren. Das leicht geschlagene Ei und den Sirup unterrühren. Mehl, Ingwer, Nelken und Chilipulver in die Schüssel sieben. Mit einem Holzlöffel alles zu einem festen Teig verarbeiten. Auf eine leicht bemehlte Arbeitsfläche geben und leicht kneten, bis der Teig glatt ist. Einwickeln und 30 Minuten kalt stellen.

2 Den Ofen auf 180 °C vorheizen. Zwei Backbleche einfetten. Den Teig zu einer 20 cm langen Rolle formen. Noch einmal 30 Minuten kalt stellen. 20 Scheiben schneiden und auf den Blechen verteilen. 10 Minuten backen. 5 Minuten auf dem Blech lassen, dann auf ein Kuchengitter legen und abkühlen lassen.

3 Zucker und Wasser in einen kleinen Topf mit dickem Boden geben. Leicht erhitzen, bis sich der Zucker auflöst. Zum Kochen bringen und 1 Minute kochen lassen, bis die Masse sirupartig ist. 3 Minuten leicht abkühlen lassen, dann die zerkleinerte Schokolade unterrühren und zerlassen.

4 Das Kuchengitter über ein Tablett oder Brett stellen. Die Schokoladenglasur mit dem Löffel über die Lebkuchen geben und zum Rand hin mit der Löffel-Rückseite verstreichen.

5 Vorsichtig eine Walnußhälfte in die Mitte jedes Lebkuchens drücken. Kirschstückchen und Mandeln abwechselnd auflegen. An einem kühlen Ort festwerden lassen.

Schokoladen-Mandel-Torronne

Diese italienische Spezialität wird in dünnen Scheiben serviert.

Für 20 Stück

ZUTATEN

115 g Bitterschokolade
50 g Butter
1 Eiweiß
115 g feinkörniger Zucker
50 g gemahlene Mandeln
75 g gehackte geröstete Mandeln
5 EL Zitronat oder Orangeat
Für den Überzug
(s. S. 44 – Rezept „Snickerdoodles")
175 g weiße Schokolade
25 g Butter
115 g geröstete gehobelte Mandeln

1 Die zerkleinerte Schokolade mit der Butter in einem Gefäß über heißem Wasser zerlassen und zu einer glatten Masse rühren.

2 Das Eiweiß in einer fettfreien Schüssel mit dem Zucker steif schlagen. Nach und nach die zerlassene Schokolade unterschlagen, dann die gemahlenen und gehackten Mandeln sowie Zitronat bzw. Orangeat unterrühren.

3 Die Mischung auf ein großes Blatt Backpapier geben und zu einer dicken Rolle formen.

4 Während die Masse abkühlt, der Rolle im Papier eine Dreiecksform geben und kalt stellen, bis die Masse fest ist.

5 Für den Überzug die zerkleinerte weiße Schokolade mit der Butter in einem Gefäß über heißem Wasser zerlassen. Die Schoko-Rolle auswickeln und schnell mit der weißen Schokolade überziehen. Eine gleichmäßige dünne Schicht gehobelte Mandeln darauf verteilen und leicht andrücken. Schnell arbeiten, damit der Überzug nicht fest wird.

6 Noch einmal gut kühlen, dann in sehr dünne Scheiben schneiden und servieren.

Unser Tip Die Masse kann auch als einfache Rolle dekoriert werden, die Dreiecksform ist kein Muß.

Schokoladen-Nuß-Galettes

Diese kleinen Meisterwerke bestehen aus drei dünnen Schokoladenblättern mit einer leichten Frischkäsefüllung.

Für 4 Stück

ZUTATEN

175 g Bitterschokolade
3 EL Sahne
2 EL gehobelte Haselnüsse
115 g weiße Schokolade
175 g Frischkäse
1 EL trockener Sherry
4 EL feingehackte geröstete Haselnüsse
in weiße Schokolade getauchte Physalis (Kap-Stachelbeeren) als Dekoration

1 Die zerkleinerte Bitterschokolade in einem Gefäß über heißem Wasser zerlassen, vom Herd nehmen und die Sahne unterrühren.

2 Auf Backpapier 12 Kreise von 7,5 cm Durchmesser zeichnen. Das Papier herumdrehen und die Kreise mit der Schokoladenmasse ausfüllen, diese dabei dünn und gleichmäßig verstreichen. Auf vier Kreise gehobelte Haselnüsse geben. Festwerden lassen.

3 Die zerkleinerte weiße Schokolade in einem Gefäß über heißem Wasser zerlassen, dann Frischkäse und trockenen Sherry unterrühren. Die gehackten und gerösteten Haselnüsse unterheben. Abkühlen lassen, bis die Masse ihre Form hält.

Unser Tip Für ein spezielles Valentinstags-Dessert kann die Bitterschokolade auch in Herzform ausgestrichen werden.

4 Die Kreise aus Bitterschokolade vorsichtig vom Papier lösen. Jeweils zwei Schoko-Kreise und zwei Schichten Haselnußcreme zusammenfügen, dann einen mit Nüssen bestreuten Kreis obenaufsetzen. Vor dem Servieren kalt stellen.

5 Zum Auftragen die Galettes auf einzelne Teller geben und mit den Physalis dekorieren.

Herzhafte Genüsse

Früher waren Cookies nicht süß; sie bestanden aus Mehl, Wasser und vielleicht etwas Salz. Mit der Zeit aber verlor das herzhafte Gebäck an Boden gegenüber dem süßen, doch jetzt ist wieder ein Trend zum Pikanten zu verzeichnen, der wohl damit zusammenhängt, daß mehr Wein getrunken wird, und zwar nicht mehr nur zu Festessen oder anderen besonderen Anlässen, sondern auch in zwangloser Runde und zwischendurch. Herzhafte Cookies sind also wieder im Kommen. Diesmal sind die Rezepte aber weniger einseitig und viel leckerer als früher. Vielseitigkeit ist Trumpf, z.B. durch die Verwendung verschiedener Mehlsorten und Zutaten wie Haferflocken, Polenta und Nüssen. An den Teig für herzhaftes Gebäck kommen Käse, Kräuter und Gewürze, und Sesam oder andere Kerne. Aber sie sind nicht nur Verzierung, sondern runden den knusprigen Genuß ab.

Man kann jeweils zwei herzhafte Cookies mit purem Frischkäse füllen, kann diesem aber auch Kräuter zusetzen, wie z.B. Schnittlauch zu Käsegebäck. Auch Dreifach-Cookies können auf diese Weise hergestellt werden. Man sollte die Cookies allerdings nicht zu lange vor dem Verzehr füllen, da die Füllung sonst weich und formlos wird.

Herzhaftes Gebäck paßt zu allerlei Drinks, Suppen und Käse, und es ist ein Knüller in Lunchpaketen und Picknickkörben.

Pikante Bissen

Diese würzigen Käse-Snacks können Sie in allen erdenklichen Formen herstellen - Sterne, Halbmonde, Dreiecke, Quadrate, Herzen, Streifen oder Kreise. Sie passen zu allen Arten von Drinks, vom eisgekühlten Cocktail bis zum Glühwein.

Für 60 Stück

ZUTATEN

115 g Mehl
1 TL Senfpulver
1 Prise Salz
115 g Butter
75 g geriebener Cheddar-Käse
1 Prise Cayennepfeffer
2 EL Wasser
1 Ei
Mohn, Sonnenblumenkerne oder Sesam zum Bestreuen

1 Den Ofen auf 200 °C vorheizen. Zwei Backbleche einfetten. Mehl, Senfpulver und Salz in eine Schüssel sieben und die Butter einkneten, bis die Masse fein-krümelig ist.

2 Käse und Cayennepfeffer unterrühren und das Wasser über die Masse träufeln. Die Hälfte des geschlagenen Eis untermischen und alles zu einem festen Teig verarbeiten. Den Teig leicht kneten, bis er glatt ist.

3 Den Teig auf einer leicht bemehlten Arbeitsfläche ausrollen und Formen ausstechen. Die Reste zusammenkneten, erneut ausrollen und weiter ausstechen.

4 Auf die vorbereiteten Bleche legen und mit dem restlichen Ei bestreichen. Mit Mohn, Sesam oder Sonnenblumenkernen bestreuen. 8-10 Minuten goldgelb backen.

Käsegebäck

Für 50 Stangen und 8 Ringe

ZUTATEN

115 g Mehl
1 TL Senfpulver
1 Prise Salz
115 g Butter
75 g geriebener Cheddar-Käse
1 Prise Cayennepfeffer
2 El Wasser
1 Ei
Mohn, Sonnenblumenkerne oder Sesam zum Bestreuen

1 Den Käseteig auf die gleiche Weise herstellen, wie für die Pikanten Bissen beschrieben. Den Teig in 10 cm lange und 5 mm breite Streifen schneiden.

2 Für die Ringe die Reste wieder ausrollen. Mit einer Form (6 cm Durchmesser) Kreise und mit einer kleineren (5 cm Durchmesser) die Innenkreise ausstechen. Wie oben beschrieben backen.

3 Vor dem Servieren sechs oder acht Stangen durch jeden Ring schieben.

Herzhafte Käseschnecken

Eine bei Kindern beliebte deftige Mahlzeit für zwischendurch.

Für 16 Stück

ZUTATEN

250 g aufgetauter Tiefkühl-Blätterteig
½ TL Gemüseextrakt
1 Ei
50 g geriebener roter Leicester- oder Cheddar-Käse
Mohrrüben- und Gurkenstifte als Beilage

1 Den Ofen auf 220 °C vorheizen. Ein großes Backblech einfetten. Den Teig auf einer bemehlten Arbeitsfläche zu einem großen Rechteck (ca. 35 x 25 cm) ausrollen.

2 Den Gemüseextrakt auf der Teigplatte verteilen, dabei 1 cm Abstand vom Rand lassen. Die Ränder mit geschlagenem Ei bestreichen und den Käse auf dem Teig verteilen.

3 Den Teig von einer Längsseite her fest zusammenrollen. Die Außenseite der Rolle mit geschlagenem Ei bestreichen.

4 Die Teigrolle in dicke Scheiben schneiden. Auf das vorbereitete Blech legen.

5 12-15 Minuten backen, bis der Teig aufgegangen und goldgelb ist. Auf einem großen Teller mit Mohrrüben- und Gurkenstiften anrichten und servieren.

Unser Tip Wurden die Scheiben beim Schneiden etwas zusammengedrückt, die Teigschichten mit einem Messer auseinanderdrücken, um die runde Form wieder herzustellen.

Variation Anstelle des Gemüseextrakts kann auch Erdnußbutter verwendet werden.

Quark-Spiralen

Für 32 Stück

ZUTATEN

225 g Butter
225 g Quark
2 TL grobkörniger Zucker
225 g Mehl
1 mit 1 EL Wasser verschlagenes Eiweiß zum Bestreichen
Hagelzucker zum Bestreuen
Für die Füllung
115 g feingehackte Wal- oder Pekannüsse
75 g hellbrauner Zucker
1 TL gemahlener Zimt

1 Butter, Quark und Zucker mit dem Mixgerät cremig rühren. Das Mehl darübersieben und einen Teig herstellen. Zu einer Kugel zusammenkneten und halbieren. Die Hälften flachdrücken, in Butterbrotpapier wickeln und mindestens 30 Minuten kalt stellen.

2 Für die Füllung Nüsse, braunen Zucker und Zimt vermischen.

3 Den Ofen auf 190 °C vorheizen. Zwei Backbleche einfetten.

4 Die beiden Teigportionen dünn zu Kreisen von ca. 28 cm Durchmesser ausrollen. Die Ränder mit einem Messer kreisrund schneiden, dazu einen großen Teller verwenden.

5 Die Teigplatten mit der Eiweißglasur bestreichen und jeweils die Hälfte der Füllung gleichmäßig darauf verteilen.

6 Jede Teigplatte vierteln. Jedes Viertel in vier Teile schneiden, so daß pro Platte 16 Dreiecke entstehen.

7 Die Dreiecke von der Grundlinie zur Spitze hin aufrollen, so daß Spiralen entstehen.

8 Auf die vorbereiteten Bleche legen und mit der restlichen Glasur bestreichen. Mit Hagelzucker bestreuen. 15-20 Minuten goldgelb backen. Auf einem Kuchengitter abkühlen lassen.

Speck-Twists

Selbstgebackenes Brot ist etwas Wunderbares, und diese herzhafte Variante ist genau das Richtige zum Frühstück. Dazu paßt Kräuterfrischkäse.

Für 12 Stück

ZUTATEN

450 g Mehl
1 Beutel Trockenhefe
1 Prise Salz
400 ml lauwarmes Wasser
12 lange schmale Scheiben Frühstücksspeck
1 geschlagenes Ei

Unser Tip Der gleiche Grundteig kann auch für Brötchen oder einen Laib Brot verwendet werden. Letzterer ist durchgebacken, wenn es beim Klopfen auf die Unterseite hohl klingt.

1 Mehl, Hefe und Salz in eine Schüssel geben und verrühren. Etwas Wasser dazugeben und mit einem Messer untermischen. Das restliche Wasser dazugießen und mit den Händen einen feucht-klebrigen Teig kneten.

2 Den Teig auf eine leicht bemehlte Arbeitsfläche geben und 5 Minuten kneten, bis er glatt und elastisch ist.

3 Den Teig in 12 gleichgroße Portionen teilen und zu Rollen formen. Ein Backblech leicht einölen.

4 Die Speckscheiben auf ein Schneidebrett legen und einen Messerrücken längs darüberziehen, damit sie dehnbarer werden. Eine Scheibe um jede Teigrolle wickeln.

5 Die Twists mit geschlagenem Ei bestreichen und auf das vorbereitete Blech legen. An einem warmen Ort 30 Minuten gehen lassen, bis sie ihre Größe verdoppelt haben. Den Ofen auf 200 °C vorheizen. Die Twists 20-25 Minuten backen, bis sie gar und knusprig-braun sind.

Variations Auch Vegetarier müssen nicht auf ihre Twists verzichten, dafür läßt man den Speck weg, verdreht die Teigrollen leicht mit der Hand und bestreut sie vor dem Backen mit Mohn oder Sesam.

Cheddar-Schnittlauch-Gebäck

Diese weichen Cookies schmecken vorzüglich, wenn man sie noch warm aufschneidet, mit Butter bestreicht und zur Suppe oder als Teil des Hauptgerichts serviert.

Für 20 Stück

ZUTATEN

200 g Mehl
2 TL Backpulver
½ TL Natron
1 Prise Salz
¼ TL schwarzer Pfeffer
65 g Butter
50 g geriebener reifer Cheddar-Käse
2 EL gehackter frischer Schnittlauch
175 ml Buttermilch

Variation Für Cheddar-Speck-Gebäck den Schnittlauch durch 3 EL fein zerkleinerten gebratenen Schinkenspeck ersetzen.

1 Den Ofen auf 200 °C vorheizen. Ein Backblech einfetten.

2 Mehl, Backpulver, Natron, Salz und Pfeffer in eine große Schüssel sieben. Die zerkleinerte Butter in die trockenen Zutaten kneten, bis die Masse grob-krümelig ist. Käse und Schnittlauch dazugeben und alles gut verrühren.

3 Eine Mulde in die Teigmitte drücken. Die Buttermilch hineingießen. Kräftig rühren, bis sich der Teig von der Schüsselwand löst.

4 Häufchen aus jeweils 2 EL Teig auf das Blech setzen, dabei 5-7,5 cm Abstand einhalten. 12-15 Minuten goldbraun backen.

Mais-Austern

Sie werden heiß serviert, entweder als Beilage zu Fleisch- oder Geflügelgerichten oder pur.

Für ca. 8 Stück

ZUTATEN

150 g frische Maiskörner
1 Ei
2 EL Mehl
1 Prise Salz
¼ TL schwarzer Pfeffer
25-50 g Butter oder Margarine
2-4 EL Pflanzenöl

1 Die Maiskörner reiben und das Ei trennen. Mais, Eigelb und Mehl in einer Schüssel gut vermischen. Salz und Pfeffer dazugeben.

2 Das Eiweiß in einer anderen Schüssel schlagen, bis es feste Spitzen zieht. Vorsichtig unter die Maismasse heben.

3 2 EL Butter oder Margarine mit 2 EL Öl in einem Tiegel zerlassen. Wenn das Fett sehr heiß ist (es muß fast rauchen), die Maismischung eßlöffelweise in den Tiegel geben. So lange braten, bis die Unterseite knusprig-braun ist.

4 Die "Austern" umdrehen und von der anderen Seite 1-2 Minuten braten. Auf Küchenpapier abtropfen lassen und warm halten. Bis alle „Austern" gebraten sind, muß u.U. Fett nachgegeben werden.

Unser Tip Es können auch aufgetaute Tiefkühl-Maiskörner oder Körner aus der Büchse verwendet werden. Gut abtropfen lassen und hacken.

Maismehl-Kekse

Diese Kekse heiß und mit Butter bestrichen servieren.

Für 12 Stück

ZUTATEN

175 g Mehl
$2\frac{1}{2}$ TL Backpulver
1 Prise Salz
50 g Maismehl, dazu etwas zum Bestreuen
175 g Schmalz oder Butter
175 ml Milch

1 Den Ofen auf 230 °C vorheizen. Ein ungefettetes Backblech leicht mit Maismehl bestreuen.

2 Mehl, Backpulver und Salz in eine Schüssel sieben. Das Maismehl untermischen. Schmalz bzw. Butter zerkleinern und in die trockenen Zutaten kneten, bis die Masse grobkrümelig ist.

3 Eine Mulde eindrücken und die Milch hineingießen. Mit einem Holzlöffel schnell unterrühren, bis sich der Teig von der Schüssel löst.

4 Den Teig auf eine leicht bemehlte Arbeitsfläche geben und 8-10mal kneten. 1 cm dick ausrollen und mit einer in Mehl getauchten Form von 5 cm Durchmesser Kreise ausstechen.

5 In Abständen von ca. 2,5 cm auf das vorbereitete Blech legen. Mit Maismehl bestreuen. 10-12 Minuten goldbraun backen.

Thymian-Senf-Plätzchen

Mit Kräuterkäse kombiniert sind diese aromatischen Plätzchen ideal zur Abrundung eines Menüs.

Für 40 Stück

ZUTATEN

175 g Vollkornmehl
50 g grob zerkleinerte Haferflocken
25 g feinkörniger Zucker
2 TL Backpulver
2 EL frische Thymianblättchen
50 g Butter
25 g weißes Pflanzenfett
3 EL Milch
2 TL Dijon-Senf
2 EL Sesamkörner
Salz und schwarzer Pfeffer

1 Den Ofen auf 200 °C vorheizen. Zwei Backbleche einfetten. Mehl, Haferflocken, Zucker, Backpulver, Thymian und Gewürze in einer Schüssel vermischen. Butter und Pflanzenfett zerkleinern und einkneten.

2 Milch und Senf vermischen und in die Mehlmischung rühren, bis ein weicher Teig entsteht.

3 Den Teig auf einer bemehlten Arbeitsfläche leicht durchkneten und 5 mm dick ausrollen. Mit einer in Mehl getauchten runden Form (5 cm) Plätzchen ausstechen. Mit etwas Abstand auf die vorbereiteten Bleche legen.

4 Die Reste zusammenkneten, erneut ausrollen und weitere Plätzchen ausstechen, bis der Teig aufgebraucht ist. Die Plätzchen mit einer Gabel einstechen und mit Sesam bestreuen. 10-12 Minuten hellbraun backen.

5 Auf dem Blech abkühlen lassen. In einem luftdicht schließenden Behälter aufbewahren. Die Plätzchen kühl lagern, dann sind sie bis zu 5 Tagen haltbar.

Erdnuß-Cookies

Salziges und Süßes gehen in diesen Cookies eine köstliche Verbindung ein.

Für 70 Stück

ZUTATEN

350 g Mehl
½ TL Natron
115 g Butter
115 g Margarine
250 g hellbrauner Zucker
2 Eier
2 TL Vanillearoma
225 g gesalzene Erdnüsse

1 Den Ofen auf 190 °C vorheizen. Zwei Backbleche leicht einfetten. Den Boden eines Glases einfetten und in Zucker tauchen.

2 Mehl und Natron sieben. Beiseite stellen.

3 Butter, Margarine und Zucker mit dem Mixgerät zu einer locker-schaumigen Masse schlagen. Eier und Vanillearoma unterrühren. Die Mehlmischung unterheben.

Variation Für Cashewnuß-Cookies die Erdnüsse durch die gleiche Menge gesalzene Cashewnüsse ersetzen und wie beschrieben backen. Der Geschmack ist weniger kräftig, aber genauso interessant.

4 Die Erdnüsse dazugeben und die Mischung gut durchrühren.

5 Den Teig teelöffelweise auf die vorbereiteten Bleche im Abstand von je 5 cm geben. Die Häufchen mit dem Glasboden flachdrücken.

6 Ca. 10 Minuten backen, bis das Gebäck etwas Farbe angenommen hat und vollständig abkühlen lassen.

Cheddar-Taler

Diese würzigen Snacks passen bestens zum Aperitif.

Für 20 Stück

ZUTATEN

50 g Butter
115 g geriebener Cheddar-Käse
40 g Mehl
1 Prise Salz
1 Prise Chilipulver

1 Die Butter mit dem Mixgerät cremig rühren.

2 Käse, Mehl, Salz und Chilipulver einrühren und einen Teig kneten.

3 Den Teig auf eine leicht bemehlte Arbeitsfläche geben und zu einer Rolle von 3 cm Durchmesser formen. In Butterbrotpapier einwickeln und 1-2 Stunden kalt stellen.

4 Den Ofen auf 180 °C vorheizen. 1-2 Backbleche einfetten.

5 Die Teigrolle in 5 mm dicke Scheiben schneiden. Die Scheiben auf die vorbereiteten Bleche legen. Ca. 15 Minuten goldgelb backen. Auf einem Kuchengitter abkühlen lassen.

Roquefort-Schnittlauch-Crisps

Für 48 Stück

ZUTATEN

225 g Roquefort- oder anderer Blauschimmelkäse
115 g Butter
1 Ei
1 Eigelb
2 TL frischer gehackter Schnittlauch
schwarzer Pfeffer
225 g Mehl

Unser Tip In einem luftdicht schließenden Behälter halten sich diese Crisps bis zu 10 Tagen.

1 Den Teig einen Tag vorher zubereiten. Dazu den zerbröckelten Käse und die Butter mit dem Mixgerät gut verrühren. Ei, Eigelb, Schnittlauch und etwas Pfeffer unterrühren.

2 Das Mehl in drei Portionen dazugeben und jedes Mal gut unterheben.

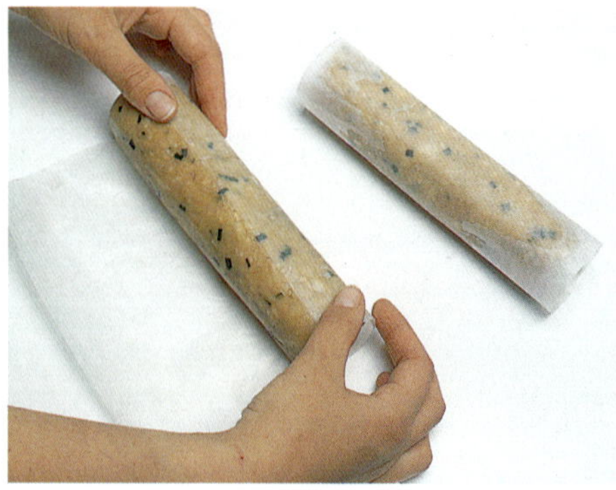

3 Den Teig halbieren und jede Hälfte zu einer Rolle von 5 cm Durchmesser formen. In Butterbrotpapier einwickeln und über Nacht kalt stellen. Den Ofen auf 190 °C vorheizen. Zwei Backbleche leicht einfetten.

4 Die Teigrollen quer in ca. 3 mm dicke Scheiben schneiden. Auf die vorbereiteten Bleche legen. Ca. 10 Minuten backen, bis das Gebäck an den Rändern goldgelb ist. Auf einem Kuchengitter abkühlen lassen.

Käse-Muffins

Für 9 Stück

ZUTATEN

50 g Butter
175 g Mehl
2 TL Backpulver
2 EL feinkörniger Zucker
1 Prise Salz
1 TL Paprika
2 Eier / 120 ml Milch
1 TL getrockneter Thymian
50 g reifer Cheddar-Käse in Würfeln von 1 cm Kantenlänge

1 Den Ofen auf 190 °C vorheizen. Neun Muffin-Formen einfetten oder mit Papier-Förmchen auslegen. Die Butter in einem kleinen Topf zerlassen.

2 Mehl, Backpulver, Zucker, Salz und Paprika in eine Schüssel sieben.

3 In einer anderen Schüssel Eier, Milch, zerlassene Butter und Thymian verschlagen.

4 Diese Mischung zu den trockenen Zutaten geben und umrühren, bis letztere gerade durchfeuchtet sind.

5 In jede Muffin-Form einen gehäuften Eßlöffel Teig geben, obenauf einige Käsewürfel und mit einem weiteren Löffel Teig bedecken.

6 Ca. 25 Minuten backen, bis die Muffins aufgegangen und goldgelb sind. 5 Minuten abkühlen lassen, dann aus der Form nehmen und auf ein Kuchengitter legen. Diese Muffins möglichst warm oder mit Zimmertemperatur servieren.

Speck-Muffins

Frisch aus dem Ofen sind diese Muffins ein ganz besonderer Frühstücks-Leckerbissen.

Für 14 Stück

ZUTATEN

8 lange schmale Scheiben Frühstücksspeck
50 g Butter
50 g Margarine
115 g Mehl
1 EL Backpulver
1 TL feinkörniger Zucker
1 Prise Salz
175 g Maismehl
250 ml Milch
2 Eier

1 Den Ofen auf 200 °C vorheizen. 14 Muffin-Formen einfetten oder mit Papier-Förmchen auslegen.

2 Den Speck kross braten. Auf Küchenpapier abtropfen lassen und in kleine Stücke schneiden. Beiseite stellen. Butter und Margarine in einem Topf bei schwacher Hitze zerlassen.

3 Mehl, Backpulver, Zucker und Salz in eine große Schüssel sieben. Das Maismehl untermischen. In die Mitte eine Mulde drücken. Die Milch erwärmen, bis sie lauwarm ist. Die Eier in einer kleinen Schüssel leicht schlagen, dann zur Milch geben. Die zerlassene Butter und Margarine unterrühren.

4 Die Milchmischung in die Mulde gießen und rühren, bis ein gut durchmischter glatter Teig entsteht.

5 Den Speck unterheben. Die vorbereiteten Formen bis zur Hälfte mit dem Teig füllen. Ca. 20 Minuten backen, bis die Muffins aufgegangen sind und Farbe angenommen haben.

Parmesan-Kugeln

Für 6 Stück

ZUTATEN

115 g frisch geriebener Parmesan
115 g Mehl
1 Prise Salz
1 EL Butter oder Margarine
2 Eier
250 ml Milch

1 Den Ofen auf 230 °C vorheizen. Sechs Backförmchen einfetten und jeweils 1 EL Parmesan hineinstreuen. Als Alternative können auch Ragoût fin- oder Auflaufförmchen verwendet werden, die erwärmt werden müssen, bevor sie vor dem Füllen gefettet und mit Parmesan bestreut werden. Mehl und Salz in eine kleine Schüssel sieben. Beiseite stellen. Die Butter bzw. Margarine in einem kleinen Topf zerlassen.

2 Eier, Milch und die zerlassene Butter bzw. Margarine verschlagen. Das Mehl dazugeben und rühren, bis die Masse gut durchmischt und glatt ist.

3 Die Förmchen gleichmäßig ungefähr bis zur Hälfte füllen. 15 Minuten backen, dann mit dem restlichen Parmesan bestreuen. Die Hitze auf 180 °C reduzieren und weitere 20-25 Minuten backen, bis das Gebäck fest und goldbraun ist.

4 Aus dem Ofen nehmen. Die Kugeln mit einem schmalen Messer rundum von der Form lösen und vorsichtig herausnehmen. Auf einem Kuchengitter abkühlen lassen.

Kräuter-Ballons

Für 12 Stück

ZUTATEN

25 g Butter
3 Eier
250 ml Milch
175 g Mehl
1 Prise Salz
gemischte frische Kräuter, z.B. Petersilie, Dill, Schnittlauch und Estragon

1 Den Ofen auf 220 °C vorheizen. 12 Ragoût fin-Förmchen einfetten. Die Butter in einem Topf auf kleiner Flamme zerlassen.

2 Die Eier mit dem Mixgerät schlagen, dann Milch und Butter zugeben und unterrühren.

3 Mehl und Salz sieben und zur Eiermischung geben. Alles sorgfältig verrühren.

4 Die Kräuterblättchen von den Stengeln streifen und fein hacken. 2 EL in den Teig rühren.

5 Den Teig in die vorbereiteten Formen gießen. Diese dürfen nicht mehr als halbvoll sein.

6 25-30 Minuten goldgelb backen. Die Ofentür während des Backens nicht öffnen, da das Gebäck sonst zusammenfallen kann. Sollen sie besonders trocken werden, die Ballons nach 30 Minuten mit einem Messer anstechen und weitere 5 Minuten backen. Heiß auftragen.

Käse-Ballons

Für 12 Stück

ZUTATEN

$1\frac{1}{2}$ EL Butter
3 Eier
250 ml Milch
75 g Mehl
1 Prise Salz
$\frac{1}{4}$ TL Paprika
75 g frischgeriebener Parmesan

1 Den Ofen auf 220 °C vorheizen. 12 Ragoût fin-Förmchen einfetten. Die Butter in einem Topf auf kleiner Flamme zerlassen.

2 Die Eier mit dem Mixgerät schlagen, dann Milch und Butter zugeben und unterrühren.

3 Mehl, Salz und Paprika sieben und zur Eiermischung geben. Zuletzt den Käse dazugeben und alles verrühren.

4 Den Teig in die vorbereiteten Formen gießen. Diese dürfen nicht mehr als halbvoll sein. 25-30 Minuten goldgelb backen. Die Ofentür während des Backens nicht öffnen, da das Gebäck sonst zusammenfallen kann. Werden sie besonders trocken gewünscht, die Ballons nach 30 Minuten mit einem Messer anstechen und weitere 5 Minuten backen. Heiß auftragen.

Mini-Käsewindbeutel

Diese mundgerechten Brandteig-Kreationen sind ideal zu einem Glas Wein vor dem Essen.

Für 45 Stück

ZUTATEN

115 g Mehl
1 Prise Salz
1 TL Senfpulver
1 Prise Cayennepfeffer
250 ml Wasser
115 g Butter
4 Eier
75 g Gruyère-Käse in Würfelchen
1 EL feingehackter Schnittlauch

Unser Tip Die Windbeutel können im voraus zubereitet und eingefroren werden. Vor dem Servieren im heißen Ofen 5 Minuten aufbacken, bis sie knusprig sind.

1 Den Ofen auf 200 °C vorheizen. Zwei große Backbleche leicht einfetten. Mehl, Salz, Senfpulver und Cayennepfeffer zusammen sieben.

2 Das Wasser und die zerkleinerte Butter in einem mittelgroßen Topf auf mittlerer Flamme zum Kochen bringen. Vom Feuer nehmen und die gesamte Mehlmischung dazugeben. Mit einem Holzlöffel rühren, bis der Teig eine Kugel bildet. Wieder auf das Feuer setzen und 1-2 Minuten ständig rühren, damit die Masse austrocknet. Vom Feuer nehmen und 3-5 Minuten abkühlen lassen.

3 Drei Eier einzeln dazugeben, dabei jedes Mal sorgfältig umrühren. Das vierte Ei in einer kleinen Schüssel schlagen und teelöffelweise zum Teig geben, dabei ständig rühren, bis der Teig glatt und glänzend ist und schwerreißend vom Löffel fällt (u.U. ist nicht das ganze vierte Ei erforderlich; wenn etwas übrigbleibt, zum Glasieren verwenden). Schnittlauch und Käsewürfelchen unterrühren.

4 Den Teig mit zwei Teelöffeln in kleinen Häufchen auf die vorbereiteten Bleche geben, dabei jeweils 5 cm Abstand einhalten. Das restliche Ei mit 1 EL Wasser verrühren und die Teighäufchen damit bestreichen.

5 8 Minuten backen, dann die Temperatur auf 180 °C reduzieren und weitere 7-8 Minuten backen, bis die Windbeutel aufgegangen und goldgelb sind. Auf einem Kuchengitter leicht abkühlen lassen und warm auftragen.

Variation Für Schinken-Käse-Windbeutel mit dem Käse 50 g fein gehackten Schinken an den Teig geben. Für Käse-Kräuter-Windbeutel mit dem Käse 2 EL gehackte frische Kräuter oder Frühlingszwiebeln an den Teig geben.

Käse-Happen

Diese leckeren Kleinigkeiten läßt man sich gern zum Tee schmecken. Am besten serviert man sie frisch und noch nicht ganz abgekühlt.

Für 12 Stück

ZUTATEN

225 g Mehl
$2\frac{1}{2}$ TL Backpulver
$\frac{1}{2}$ TL Senfpulver
$\frac{1}{2}$ TL Salz
50 g kalte Butter
75 g geriebener Cheddar-Käse
150 ml Milch
1 geschlagenes Ei

1 Den Ofen auf 230 °C vorheizen. Mehl, Backpulver, Senfpulver und Salz in eine Schüssel sieben. Die zerkleinerte Butter dazugeben und einkneten, bis die Masse krümelig ist.

2 50 g Käse in die Butter-Mehl-Mischung rühren.
In die Mitte eine Mulde drücken.

3 Milch und Ei hineingießen und vorsichtig unterrühren, bis die Masse glatt ist. Den Teig auf eine leicht bemehlte Arbeitsfläche geben.

4 Den Teig ausrollen und in Dreiecke oder Quadrate schneiden. Mit etwas Milch bestreichen und mit dem restlichen Käse bestreuen. 15 Minuten ruhen lassen, dann 15 Minuten backen, bis das Gebäck gut aufgegangen ist.

Haferplätzchen

Diese ganz einfachen Plätzchen sind eine tolle Beilage zu einer Käseplatte.

Für 24 Stück

ZUTATEN

225 g grob zerkleinerte Haferflocken, dazu etwas zum Bestreuen
75 g Mehl
$\frac{1}{4}$ TL Natron
1 TL Salz
25 g Schmalz
25 g Butter

1 Den Ofen auf 220 °C vorheizen. Haferflocken, Mehl, Natron und Salz in eine große Schüssel geben. Die beiden Sorten Fett zusammen auf kleiner Flamme zerlassen.

2 Das zerlassene Fett kochendes Wasser zur Mehlmischung geben, damit sich auf einer mit Haferflocken bestreuten Fläche ein Teig formen läßt. Diesen ausrollen, 24 Kreise ausstechen und 15 Minuten backen lassen.

Schinken-Tomaten-Küchlein

Eine tolle Ergänzung zu vielen Suppen. Schinken mit möglichst kräftigem Geschmack verwenden und so fein wie möglich hacken, dann erzielt eine kleine Menge eine große Wirkung.

Für 12 Stück

ZUTATEN

225 g backfertiges Mehl (mit Triebmittel)
1 TL Senfpulver
1 TL Paprika, dazu etwas zum Bestreuen
1 Prise Salz
25 g Margarine
1 EL kleingeschnittenes frisches Basilikum
50 g sonnengetrocknete Tomaten in Öl
50 g Schwarzwälder Schinken
90-120 ml Magermilch

1 Den Ofen auf 200 °C vorheizen. Ein großes Backblech mit Mehl bestreuen. Mehl, Senfpulver, Paprika und Salz in eine Schüssel sieben. Die zerkleinerte Margarine mit den Fingern einarbeiten, bis die Masse krümelig ist. Tomaten abtropfen lassen und klein schneiden.

2 Gehackten Schinken und Basilikum unterrühren. Milch dazugeben, bis ein weicher Teig geknetet werden kann.

3 Den Teig auf eine leicht bemehlte Arbeitsfläche geben, leicht durchkneten und zu einem 20 x 15 cm großen Rechteck ausrollen. In Quadrate mit 5 cm Seitenlänge schneiden.

4 Die Quadrate mit Milch bestreichen, mit Paprika bestreuen und 12-15 Minuten backen.

Feta-Schnittlauch-Gebäck

Für dieses scharf-würzige Teegebäck wird anstelle von Butter Fetakäse verwendet.

Für 9 Stück

ZUTATEN

115 g backfertiges weißes Mehl (mit Triebmittel)
150 g backfertiges Vollkornmehl (mit Triebmittel)
1 Prise Salz / 75 g Fetakäse
1 EL gehackter frischer Schnittlauch
150 ml Magermilch, dazu etwas zum Bestreichen
¼ TL Cayennepfeffer

1 Den Ofen auf 200 °C vorheizen. Die beiden Sorten Mehl und das Salz in eine Schüssel sieben. Gröbere, im Sieb verbliebene Teile dazugeben.

2 Den Fetakäse zerkrümeln und in die trockenen Zutaten kneten. Den Schnittlauch untermischen, dann die Milch dazugießen und alles zu einem weichen Teig verarbeiten.

3 Den Teig auf eine leicht bemehlte Arbeitsfläche geben und glattkneten. 2 cm dick ausrollen und mit einer in Mehl getauchten Form von 6 cm Durchmesser neun Kreise ausstechen.

4 Auf ein beschichtetes Backblech legen. Mit Magermilch bestreichen und mit Cayennepfeffer bestreuen. 15 Minuten goldbraun backen. Warm oder kalt servieren.

Kräuter-Ecken

Mit einer Füllung aus Geflügelfleisch und Salat sind diese Vollkorn-Dreiecke ein gesunder Mittags-Snack, ansonsten passen sie hervorragend zu einer heißen Suppe.

Für 8 Stück

ZUTATEN

225 g Vollkornmehl
115 g Mehl
1 Prise Salz
½ TL Natron
1 TL Weinstein
½ TL Chilipulver
50 g Margarine
4 EL gemischte frische Kräuter
250 ml Magermilch
1 EL Sesamkörner

1 Den Ofen auf 220 °C vorheizen. Ein Backblech leicht mit Mehl bestäuben. Das Mehl in eine Schüssel geben. Salz, Natron, Weinstein und Chilipulver darübersieben. Die zerkleinerte Margarine einkneten.

2 Die gehackten Kräuter und die Milch zugeben und alles zu einem weichen Teig verarbeiten. Auf eine leicht bemehlte Arbeitsfläche geben und nur kurz durchkneten, so daß der Teig nicht zäh wird.

3 Den Teig zu einem Kreis von 23 cm Durchmesser ausrollen. Auf das vorbereitete Blech legen. Mit Wasser bestreichen und mit Sesam bestreuen.

4 Die Teigplatte in acht gleichgroße Dreiecke schneiden und diese etwas auseinanderschieben. 15-20 Minuten backen. Auf einem Kuchengitter abkühlen lassen. Warm oder kalt servieren.

Variation Für Tomaten-Ecken die gemischten Kräuter durch 2 EL kleingeschnittene getrocknete Tomaten in Öl ersetzen. Vorher abtropfen lassen. Dazu kommen jeweils 1 EL edelsüßer Paprika, gehackte Petersilie und gehackter frischer Majoran.

Dill-Kartoffel-Küchlein

Für 10 Stück

ZUTATEN

225 backfertiges Mehl (mit Triebmittel)
40 g Butter
1 Prise Salz
1 EL feingehackter frischer Dill
175 g frisch zubereitetes Kartoffelpüree
2-3 EL Milch

1 Den Ofen auf 230 °C vorheizen. Das Mehl in eine Schüssel sieben. Butter, Salz und Dill untermischen. Das Kartoffelpüree und Milch unterrühren, daß ein weicher Teig entsteht.

2 Den Teig ziemlich dünn ausrollen. Mit einer in Mehl getauchten Form von 7,5 cm Durchmesser Kreise ausstechen. Auf ein gefettetes Blech legen und 20-25 Minuten backen.

Schnittlauch-Kartoffel-Plätzchen

Diese Plätzchen sollten innen weich und außen kross sein. Sie können auch einmal zum Frühstück probiert werden.

Für 20 Stück

ZUTATEN

450 g Kartoffeln
115 g Mehl
2 EL Olivenöl
2 EL gehackter Schnittlauch
Salz und schwarzer Pfeffer

Unser Tip Die Plätzchen auf gleichmäßig kleiner Flamme braten, so daß sie außen nicht verbrennen, bevor sie durchgebraten sind.

1 Die Kartoffeln in Salzwasser 20 Minuten weichkochen und abtropfen lassen und wieder in den gesäuberten Topf geben und zu Brei stampfen. Eine schwere Bratpfanne oder eiserne Backplatte erhitzen.

2 Mehl, Olivenöl und die Gewürze unter den Kartoffelbrei rühren und alles zu einem Teig verarbeiten.

3 Den Teig auf einer kräftig bemehlten Arbeitsfläche 5 mm dick ausrollen. Mit einer in Mehl getauchten Form von 5 cm Durchmesser runde Plätzchen ausstechen. Pfanne leicht einfetten.

4 Die Plätzchen ca. 10 Minuten braten, dabei einmal wenden.

Curry-Cracker

Diese scharfen Knusperscheiben und ein Drink - die perfekte Kombination.

Für 12 Stück

ZUTATEN

50 g Mehl
1 Prise Salz
1 TL Currypulver
¼ TL Chilipulver
1 EL gehackter frischer Koriander
2 EL Wasser

1 Den Ofen auf 180 °C vorheizen. Mehl und Salz in eine Schüssel sieben, Curry- und Chilipulver dazugeben. Eine Mulde eindrücken. Den gehackten Koriander und das Wasser hineingeben. Das Mehl nach und nach einarbeiten und einen festen Teig kneten.

2 Den Teig auf eine leicht bemehlte Arbeitsfläche geben, glattkneten und 5 Minuten ruhen lassen.

3 Den Teig in 12 gleichgroße Stücke schneiden und diese zu kleinen Kugeln rollen. Die Kugeln sehr dünn ausrollen, so daß Kreise von ca. 10 cm Durchmesser entstehen.

4 Mehl über den Teig streuen, damit er nicht am Nudelholz klebenbleibt. Die Teigkreise auf zwei ungefettete Backbleche legen. 15 Minuten backen, dabei einmal wenden.

Cocktail-Snacks

Herzhafte Kleinigkeiten, noch dazu in verschiedenen Formen und Geschmacksrichtungen, sind immer willkommen.

Für 80 Stück

ZUTATEN

350 g Mehl
1 Prise Salz
½ TL schwarzer Pfeffer
1 TL Senfkörner
175 g Butter
115 g Cheddar-Käse
1 geschlagenes Ei
1 TL gehackte Nüsse
2 TL Dillsamen
2 TL Currypaste
2 TL Chilisoße

1 Den Ofen auf 200 °C vorheizen. Mehrere Bleche mit antihaftbeschichtetem Backpapier auslegen. Das Mehl in eine Schüssel sieben. Salz, Pfeffer und Senfkörner untermischen.

2 Die zerkleinerte Butter in das Mehl kneten, bis die Masse krümelig ist. Den Käse reiben und mit einer Gabel in die Butter-Mehl-Mischung rühren. Das Ei dazugeben und alles zu einem weichen Teig verarbeiten.

3 Den Teig auf einer bemehlten Arbeitsfläche sanft kneten und in vier gleichgroße Portionen teilen.

4 In je eine Teigportion Nüsse, Dillsamen, Currypaste und Chilisoße einkneten. Die Portionen einzeln in Klarsichtfolie wickeln und mindestens 1 Stunde kalt stellen.

5 Zum Ausstechen Formen mit Spielkarten-Motiven benutzen. Für jede Teigsorte eine Form auswählen, z.B. aus dem Curry-Teig ca. 20 kleine Herzen und aus dem Chili-Teig Kreuze ausstechen. Die Plätzchen mit ausreichend Abstand auf den Blechen anordnen und 6-8 Minuten backen, bis sie leicht gegangen und hellgoldgelb sind. Auf einem Kuchengitter abkühlen lassen.

6 Den Vorgang mit Karo- und Pik-Motiven für die beiden restlichen Teigportionen wiederholen. Teigreste zusammenkneten, wieder ausrollen und wie beschrieben verarbeiten.

Würzige Cocktail-Plätzchen

Diese pikanten Plätzchen, zu deren Geschmack die verschiedenen Zutaten eine ganz eigene Note beitragen, können zum Aperitif gereicht werden.

Für 20–30 Stück

ZUTATEN

150 g Mehl
2 TL Currypulver
115 g Butter
75 g Cheddar-Käse
2 TL Mohn
1 TL schwarzer Zwiebelsamen
1 Eigelb
Kreuzkümmel zum Bestreuen

Variation Wer möchte, kann den Mohn durch Kümmel oder Sesam ersetzen.

1 Zwei Backbleche einfetten. Mehl und Currypulver in eine große Schüssel sieben. Die zerkleinerte Butter einkneten, bis die Masse krümelig ist. Den geriebenen Käse, Mohn und Zwiebelsamen untermischen. Das Eigelb dazugeben und alles zu einem festen Teig kneten. In Klarsichtfolie wickeln und 30 Minuten kalt stellen.

2 Den Teig auf einer bemehlten Arbeitsfläche ca. 3 mm dick ausrollen. Mit einer in Mehl getauchten Form runde Plätzchen ausstechen. Auf die vorbereiteten Bleche legen und mit Kreuzkümmel bestreuen. Nochmals 15 Minuten kalt stellen.

3 Den Ofen auf 190 °C vorheizen. Ca. 20 Minuten backen, bis die Plätzchen goldgelb und knusprig sind. Warm oder kalt servieren.

Brownies und Schnitten

Brownies, ein nicht nur in Amerika beliebtes Gebäck, sind saftig-leckere und meist recht gehaltvolle Schoko-Schnitten. Sie sollten außen kross, innen aber weich, ja fast noch etwas roh sein. Wir haben einige von unzähligen Brownie-Rezepten ausgewählt.

Bei Gebäckschnitten hat man keinen Aufwand mit dem Formen. Der Teig wird einfach in die Form gegossen oder gestrichen und dann gebacken und noch warm mit einem großen scharfen Messer in gleichmäßige Stücke in der gewünschten Größe geschnitten.

Einige Schnitten bestehen lediglich aus einer Schicht, andere aus zwei oder sogar drei Schichten, die in einigen Fällen schon vor dem Backen übereinander angeordnet werden, in anderen aber - das hängt natürlich vom Rezept ab – auch während des Backens selbst.

Sie sollten nach Möglichkeit eine Form in der im Rezept angegebenen Größe verwenden. Wenn die Form kleiner ist, wird der Teig zu dick, und die Außenseite wird viel zu dunkel und hart, bevor das Innere durchgebacken ist. Ist die Form dagegen zu groß, wird der Teig zu dünn, und das Gebäck wird nicht nur zu trocken, sondern das Verhältnis von Gebäckinhalt und Kruste stimmt nicht mehr. Sollten Sie nur eine größere Form haben, können Sie diese folgendermaßen verkleinern: einen breiten Streifen aus dreifach gefalteter Aluminiumfolie anfertigen, der das Gewicht des Teigs halten kann. Den Streifen noch einmal längs falten, so daß eine Winkelform entsteht, und an der entsprechenden Stelle in die Form setzen.

Gebäckschnitten können etwa einen Tag in der Form aufbewahrt werden. Diese dazu straff mit Folie abdecken oder in einen Folienbeutel stecken, so viel Luft wie möglich herauslassen und fest verschließen.

Brownies mit weißer Schokolade

Für 16 Stück

ZUTATEN

150 g Mehl
½ TL Backpulver
1 Prise Salz
175 g gute weiße Schokolade
90 g feinkörniger Zucker
115 g Butter
2 Eier
1 TL Vanillearoma
175 g Bitterschokolade oder Bitterschokoladen-Chips
Für die Decke
200 g Vollmilchschokolade
215 g ungesalzene Macadamianüsse

1 Den Ofen auf 180 °C vorheizen. Eine Springform (23 cm) einfetten. Mehl, Backpulver und Salz zusammen sieben. Beiseite stellen.

2 Weiße Schokolade und Butter zerkleinern und mit dem Zucker in einem mittelgroßen Topf auf kleiner Flamme zerlassen. Rühren, bis die Masse geschmeidig ist.

3 Die leicht geschlagenen Eier und das Vanillearoma unterrühren. Das Mehl dazugeben, alles gut vermischen und die Bitterschokolade bzw. die Schoko-Chips unterrühren. Den Teig in die Form geben und glattstreichen.

4 20-25 Minuten backen. Zur Garprobe 5 cm vom Rand entfernt ein Stäbchen einstechen, an dem kein Teig haftenbleiben darf. Aus dem Ofen nehmen. Die zerkleinerte Vollmilchschokolade gleichmäßig auf dem Gebäck verteilen (Vorsicht, nicht an den Rand der heißen Form kommen). Noch einmal für 1 Minute in den Ofen schieben.

5 Aus dem Ofen nehmen und die weiche Schokolade mit einem Löffelrücken gleichmäßig verstreichen. Die zerkleinerten Macadamianüsse darüberstreuen und vorsichtig in die Schokolade drücken. Auf einem Kuchengitter 30 Minuten abkühlen lassen, dann kalt stellen, bis alles fest ist. Das Gebäck mit einem scharfen Messer rundum von der Form lösen. Den Springverschluß öffnen und den Rand vorsichtig entfernen. Das Gebäck in schmale Stücke schneiden.

Marmor-Brownies

Für 24 Stück

ZUTATEN

225 g Bitterschokolade
75 g Butter
4 Eier
350 g feinkörniger Zucker
115 g Mehl
1 Prise Salz
1 TL Backpulver
2 TL Vanillearoma
115 g gehackte Walnüsse
Für den hellen Teig
50 g Butter
175 g Quark
115 g feinkörniger Zucker
2 Eier
2 EL Mehl
1 TL Vanillearoma

1 Den Ofen auf 180 °C vorheizen. Eine 33 x 23 cm große Form mit Butterbrotpapier auslegen und das Papier einfetten.

2 Die Schokolade zerkleinern und mit der Butter in einem Topf auf sehr kleiner Flamme zerlassen.

3 In der Zwischenzeit die Eier schaumig schlagen. Nach und nach den Zucker dazugeben und unterschlagen. Mehl, Salz und Backpulver darübersieben und unterheben.

4 Die abgekühlte Schokoladenmischung, die gehackten Nüsse und das Vanillearoma unterrühren. 475 ml des Schokoladen-Teigs abmessen und beiseite stellen.

5 Für den hellen Teig Butter und Quark mit dem Mixgerät cremig rühren.

6 Den Zucker dazugeben und alles gut durchmischen. Eier, Mehl und Vanillearoma unterrühren.

7 Den Schokoladen-Teig in der Form verteilen und den hellen Teig darüberstreichen. Zuletzt den Schokoladen-Teig löffelweise daraufgeben.

8 Die beiden Mischungen mit einem Streichmesser leicht verrühren, so daß ein Marmor-Effekt entsteht. Nicht vollständig vermischen. 35-40 Minuten backen, bis der Teig fest wird.

Schoko-Schnitten mit Toffee-Glasur

Für 8–10 Stück

ZUTATEN

300 g Bitterschokolade
115 g Butter
90 g hellbrauner Zucker
50 g grobkörniger Zucker
2 Eier
1 EL Vanillearoma
65 g Mehl
115 g gehackte geröstete Wal- oder Pekannüsse
150 g gute weiße Schokolade
Für die Glasur
175 g Bitterschokolade
50 g Butter
2 EL heller Sirup
2 TL Vanillearoma
1 TL Instant-Kaffeepulver
Pekannußhälften zum Verzieren (wenn gewünscht)

1 Den Ofen auf 180 °C vorheizen. Eine quadratische Backform (20 x 20 cm) umdrehen und Aluminiumfolie um Boden und Rand legen. Die Form wieder umdrehen und mit der vorgeformten Folie auslegen. Die Folie leicht einfetten.

2 Die zerkleinerte Bitterschokolade mit der Butter in einem mittelgroßen Topf zerlassen.

3 Die beiden Sorten Zucker dazugeben und weitere 2 Minuten rühren, bis sich der Zucker aufgelöst hat. Eier und Vanillearoma unterrühren. Mehl, Nüsse und die zerkleinerte weiße Schokolade untermischen.

4 20-25 Minuten backen. Zur Garprobe 5 cm vom Rand entfernt ein Stäbchen einstechen, an dem kein Teig haftenbleiben darf. Die Form auf einem Kuchengitter 30 Minuten abkühlen lassen. Den Kuchen mit Hilfe der Folie aus der Form nehmen.

5 Kuchen auf das Gitter legen und 2 Stunden auskühlen lassen. Für die Glasur die Schokolade zerkleinern und mit Butter, Sirup, Vanillearoma und Kaffeepulver in einem Topf auf mittlerer Flamme zerlassen. Dabei häufig umrühren. Vom Feuer nehmen.

6 1 Stunde kalt stellen, bis die Masse etwas fester und streichfähig ist. Den Kuchen auf das Kuchengitter stürzen und die Folie entfernen. Den Kuchen wieder umdrehen und mit einem Streichmesser mit einer dicken Schicht Glasur versehen. Bis zum Rand ausstreichen. 1 Stunde kalt stellen. In Quadrate oder Rechtecke schneiden. Nach Belieben mit je einer Pekannußhälfte dekorieren.

Schokoladen-Brownies

Traditionelle amerikanische Brownies enthalten normalerweise viel Fett. Diese ohne Butter zubereitete Version hat trotzdem den vollen Geschmack. Sie sollte am selben Tag gebacken und gegessen werden.

Für 20 Stück

ZUTATEN

120 ml Sonnenblumenöl
150 g Bitterschokolade
2 Eier
115 g backfertiges Mehl (mit Triebmittel)
115 g feinkörniger Zucker
1 TL Vanillearoma
75 g Pekannußhälften

1 Den Ofen auf 200 °C vorheizen. Eine flache quadratische Form (23 x 23 cm) mit etwas Öl einfetten und mit leicht gefettetem Butterbrotpapier auslegen.

Unser Tip Zum Zerlassen von Zutaten wie Schokolade, Butter, Zucker oder Sirup kann auch die Mikrowelle eingesetzt werden. Sie muß dazu für wenige Minuten mit voller Leistung laufen, bis alles weich ist.

2 Die zerkleinerte Schokolade mit dem restlichen Öl in einem Gefäß über heißem Wasser zerlassen und glattrühren.

3 Die Eier leicht schlagen und zur Schokolade geben. Kräftig rühren. Mehl, Zucker und Vanillearoma untermischen und den Teig in die vorbereitete Form geben. Die Pekannußhälften auf dem Teig verteilen.

4 10-15 Minuten backen. Wer seine Brownies noch leicht roh mag, nimmt sie danach aus dem Ofen. Ansonsten noch 5 Minuten weiterbacken. In quadratische Stücke schneiden und in der Form auskühlen lassen.

Nuß-Brownies mit Schoko-Chips

Diese saftig-dunklen Brownies sind ein Hochgenuß.

Für 16 Stück

ZUTATEN

150 g Bitterschokolade
120 ml Sonnenblumenöl
215 g heller Rohrzucker
2 Eier
1 TL Vanillearoma
65 g backfertiges Mehl (mit Triebmittel)
4 EL Kakaopulver
75 g gehackte Wal- oder Pekannüsse
4 EL Vollmilch-Schokoladen-Chips

Unser Tip Diese Brownies können in einem luftdicht schließenden Behälter bis zu 3 Monaten eingefroren werden.

1 Den Ofen auf 180 °C vorheizen. Eine flache quadratische Form (19 cm Seitenlänge) leicht einfetten. Die zerkleinerte Schokolade in einem Gefäß über heißem Wasser zerlassen.

2 Öl, Zucker, Eier und Vanillearoma mit dem Mixgerät in einer großen Schüssel verrühren.

3 Die zerlassene Schokolade unterrühren. Schlagen, bis alles gut vermischt ist.

4 Mehl und Kakaopulver in die Schüssel sieben und gut unterheben. Nüsse und Schokoladen-Chips unterrühren. Den Teig in die vorbereitete Form geben und gleichmäßig bis zum Rand verstreichen. 30-35 Minuten backen, bis sich eine feste Kruste gebildet hat. In der Form abkühlen lassen und in quadratische Stücke schneiden.

Bananen-Ingwer-Schnitten

Nicht nur in dieser Variante ist Ingwergebäck gut haltbar und wird mit der Zeit sogar noch schmackhafter. In einem geschlossenen Behälter kann man es bis zu 2 Monaten aufbewahren.

Für 26 Stück

ZUTATEN

200 g Mehl
2 TL Natron
2 TL gemahlener Ingwer
150 g grob zerkleinerte Haferflocken
4 EL dunkler Rohrzucker
75 g Sonnenblumenmargarine
150 g heller Sirup
1 Ei
3 reife Bananen
75 g Puderzucker
Ingwerstückchen zum Verzieren

Unser Tip Diese nahrhaften quadratischen Energielieferanten sind eine gute Wahl für Schulfrühstück und Lunchpaket, da sie nicht so schnell zerbrechen.

1 Den Ofen auf 160 °C vorheizen. Eine 18 x 28 cm große Backform einfetten und mit Backpapier auslegen.

2 Mehl, Natron und Ingwer zusammen sieben, dann die Haferflocken untermischen. Zucker, Margarine und Sirup in einem Topf auf kleiner Flamme zerlassen und in die Mehlmischung rühren. Das geschlagene Ei und die zerdrückten Bananen untermischen.

3 Den Teig in die vorbereitete Form geben. Ca. 1 Stunde backen, bis das Gebäck sich fest anfühlt. In der Form abkühlen lassen. Aus der Form stürzen und in quadratische Stücke schneiden.

4 Den Puderzucker in eine Schüssel sieben, mit Wasser verdünnen, damit eine glatte Glasur entsteht. Über das Gebäck träufeln und jedes Quadrat mit einem Stückchen Ingwer dekorieren.

Ingwergebäck

Dieses Gebäck gewinnt an Geschmack, wenn es vor dem Verzehr einige Tag bis eine Woche in einem luftdichten Behälter aufbewahrt wird.

Für 16–20 Stück

ZUTATEN

300 ml Milch
225 g heller Sirup
225 g dunkler Sirup
115 g Butter oder Margarine
50 g dunkelbrauner Zucker
450 g Mehl
½ TL Natron
1¼ TL gemahlener Ingwer
350 g grob zerkleinerte Haferflocken
1 Ei
Puderzucker zum Bestäuben

1 Den Ofen auf 180 °C vorheizen. Den Boden einer quadratischen Form (20 cm Seitenlänge) einfetten und mit Backpapier auslegen. Milch, hellen und dunklen Sirup, Butter bzw. Margarine und Zucker unter Rühren langsam erwärmen, nicht kochen lassen. Glattrühren.

2 Mehl, Natron, Ingwer und Haferflocken vermischen. Eine Mulde eindrücken und das geschlagene Ei hineingeben. Dann die erwärmte Flüssigkeit langsam hineingießen und alles zu einem glatten Teig verarbeiten.

3 Den Teig in die Form gießen und ca. 45 Minuten backen, bis sich das Gebäck fest anfühlt. Kurz in der Form abkühlen lassen. Aus der Form nehmen und auskühlen lassen. In Quadrate schneiden und mit Puderzucker bestäuben.

Schokoladen-Pekannuß-Schnitten

Für 16 Stück

ZUTATEN

2 Eier
2 TL Vanillearoma
1 Prise Salz
175 g grobgehackte Pekannüsse
50 g Mehl
50 g grobkörniger Zucker
175 g dunkler Sirup
75 g Bitterschokolade
45 g Butter
16 Pekannußhälften zum Dekorieren

1 Den Ofen auf 160 °C vorheizen. Boden und Seiten einer quadratischen Form (20 cm Seitenlänge) mit Backpapier auslegen und leicht einfetten.

2 Eier, Vanillearoma und Salz zusammen schlagen. In einer anderen Schüssel die Pekannüsse mit dem Mehl vermischen. Beide Schüsseln beiseite stellen.

3 Zucker und Sirup in einem Topf zum Kochen bringen.

4 Vom Feuer nehmen und die zerkleinerte Schokolade sowie die Butter dazugeben. Gut verrühren.

5 Die geschlagenen Eier unterrühren, dann die Nuß-Mehl-Mischung unterheben. Den Teig in die vorbereitete Form gießen. Ca. 35 Minuten backen, bis das Gebäck fest ist.

6 10 Minuten in der Form abkühlen lassen, dann aus der Form nehmen. In 5 x 5 cm große Quadrate schneiden. Je eine Pekannußhälfte in die noch warmen Stücke drücken. Auf einem Gitter auskühlen lassen.

Rosinen-Brownies

Für 16 Stück

ZUTATEN

115 g Butter oder Margarine
50 g Kakaopulver
2 Eier
225 g feinkörniger Zucker
1 TL Vanillearoma
40 g Mehl
75 g gehackte Walnüsse
65 g Rosinen

1 Den Ofen auf 180 °C vorheizen. Eine quadratische Form (20 cm Seitenlänge) mit Butterbrotpapier auslegen und das Papier einfetten.

2 Die Butter bzw. Margarine in einem Topf auf kleiner Flamme zerlassen. Vom Feuer nehmen und das Kakaopulver unterrühren.

3 Eier, Zucker und Vanillearoma mit dem Mixgerät locker schlagen. Die Kakaomischung dazugeben und gut umrühren.

4 Das Mehl darübersieben und unterheben. Walnüsse und Rosinen untermischen und den Teig in die vorbereitete Form geben. 30 Minuten backen, auf keinen Fall länger.

5 In der Form abkühlen lassen. In 5 x 5 cm große Quadrate schneiden und aus der Form nehmen. Die Brownies sollten weich und naß sein. Vor dem Verzehr mit Puderzucker bestäuben.

Schokoladen-Toffee-Schnitten

Für 24 Stück

ZUTATEN

225 g Mehl
½ TL Backpulver
115 g Butter
50 g heller Rohrzucker
150 g zerlassene Bitterschokolade
2 EL gemahlene Mandeln
Für die Decke
175 g Butter
115 g feinkörniger Zucker
2 EL heller Sirup
175 ml Kondensmilch
150 g geröstete Haselnüsse
225 g Bitterschokolade

1 Den Ofen auf 160 °C vorheizen. Eine flache 30 x 20 cm große Backform einfetten. Mehl und Backpulver in eine große Schüssel sieben. Die zerkleinerte Butter einkneten und den Zucker unterrühren. Die zerlassene Schokolade und die gemahlenen Mandeln einarbeiten.

2 Den Teig in die vorbereitete Form drücken und mit einer Gabel einstechen. 25-30 Minuten backen, bis der Teig fest ist. Abkühlen lassen.

3 Für die Decke die Butter zerkleinern und mit Zucker, Sirup und Kondensmilch mischen und erwärmen, bis die Butter geschmolzen und der Zucker aufgelöst ist. Köcheln lassen, wenn die Masse goldgelb ist, die Nüsse untermischen.

4 Die Mischung auf die Teigplatte geben und gleichmäßig verteilen.

5 Festwerden lassen. Die Schokolade in einer Schüssel über heißem Wasser zerlassen. Auf der Toffee-Decke verteilen. Festwerden lassen, bevor das Gebäck in schmale Schnitten geschnitten wird.

Streuselschnitten mit saurer Sahne

Probieren Sie doch einmal etwas ganz anderes zu Kaffee oder Tee.

Für 12–14 Stück

ZUTATEN

115 g Butter
150 g grobkörniger Zucker
3 Eier (Zimmertemperatur)
175 g Mehl
1 TL Natron
1 TL Backpulver
250 ml saure Sahne
Für die Decke
175 g dunkelbrauner Zucker
2 TL gemahlener Zimt
115 g feingehackte Walnüsse
50 g Butter

1 Den Ofen auf 180 °C vorheizen. Den Boden einer quadratischen Backform (23 cm Seitenlänge) mit Butterbrotpapier auslegen und das Papier einfetten.

2 Für die Decke braunen Zucker, Zimt und Walnüsse in eine Schüssel geben. Mit den Fingern vermischen, dann die zerkleinerte Butter einkneten, bis die Masse grobkrümelig ist.

3 Für den Teig die Butter mit dem Mixgerät cremig rühren. Den Zucker dazugeben und alles zu einer locker-schaumigen Masse schlagen.

4 Die Eier einzeln dazugeben, dabei jedes Mal gut umrühren.

5 In einer anderen Schüssel Mehl, Natron und Backpulver dreimal zusammen sieben.

6 Die trockenen Zutaten in drei Portionen im Wechsel mit der Sahne an die Buttermischung geben, dabei jedes Mal sorgfältig unterheben.

7 Die Hälfte des Teigs in die vorbereitete Form geben. Die Hälfte der Streuselmischung darauf verteilen.

8 Den restlichen Teig darübergeben und die restlichen Streusel obenauf verteilen.

9 60-70 Minuten goldbraun backen. 5 Minuten ruhen lassen, dann aus der Form nehmen und zum Abkühlen auf ein Kuchengitter legen.

Macadamia-Schnitten mit weißer Schokolade

Diese Leckerei sollte man nur Genießern vorsetzen, die ihren wunderbaren Geschmack wirklich zu schätzen wissen.

Für 16 Stück

ZUTATEN

150 g Macadamianüsse, blanchierte Mandeln oder Haselnüsse
400 g weiße Schokolade
50 g verzehrfertige getrocknete Aprikosen
75 g Butter
1 TL Vanillearoma
3 Eier
150 g heller Rohrzucker
115 g backfertiges Mehl (mit Triebmittel)

1 Den Ofen auf 190 °C vorheizen. Zwei runde Backformen (20 cm) leicht einfetten und den Boden mit Butterbrot- oder antihaft-beschichtetem Backpapier auslegen.

2 Die Nüsse und die Hälfte der weißen Schokolade in Stücke schneiden, die annähernd die gleiche Größe haben sollten, dann die Aprikosen in genauso große Stücke schneiden.

3 Die restliche weiße Schokolade mit der Butter in ein feuerfestes Gefäß geben und auf kleiner Flamme über heißem Wasser zerlassen, dabei ab und zu umrühren. Wenn die Masse glatt ist, vom Feuer nehmen.

4 Das Vanillearoma unterrühren. Eier und Zucker in einer Schüssel zu einer hellen, festen Masse schlagen, dann die Schokoladenmischung unterrühren.

5 Das Mehl darübersieben und gleichmäßig unterheben. Nüsse, weiße Schokolade und Aprikosen untermischen.

6 Den Teig in die vorbereiteten Formen geben und glattstreichen. 30-35 Minuten backen.

Unser Tip Zum Zerschneiden der Aprikosen kann anstelle eines Messers auch eine Küchenschere verwendet werden, mit der es u.U. sogar besser geht.

Toffee-Schnitten

Für 32 Stück

ZUTATEN

350 g hellbrauner Zucker
450 g Butter oder Margarine
2 Eigelb
$1\frac{1}{2}$ TL Vanillearoma
450 g einfaches oder Vollkornmehl
1 Prise Salz
225 g Vollmilch-Schokolade
115 g gehackte Walnüsse

1 Den Ofen auf 180 °C vorheizen. Eine 33 x 23 x 5 cm große Backform einfetten. Zucker und Butter bzw. Margarine mit dem Mixgerät schaumig schlagen. Eigelb und Vanillearoma unterrühren. Mehl und Salz untermischen.

2 Den Teig in die vorbereitete Form geben und verteilen. 25-30 Minuten hellbraun backen. Der Teig muß noch weich sein.

3 Aus dem Ofen nehmen und sofort die zerkleinerte Schokolade auf dem Teig verteilen. Stehen lassen, bis die Schokolade weich ist, dann mit einem Streichmesser gleichmäßig verstreichen. Mit den Nüssen bestreuen. Noch warm in ca. 5 x 4 cm große Stücke schneiden.

Variation Anstelle der Walnüsse kann man auch Pekannüsse oder eine Mischung aus beiden Sorten verwenden.

Schokoladen-Walnuß-Schnitten

Für 24 Stück

ZUTATEN

50 g Walnüsse
75 g grobkörniger Zucker
75 g gesiebtes Mehl
75 g kalte Butter
Für die Decke
25 g Butter
75 ml Wasser
40 g Kakaopulver
115 g grobkörniger Zucker
1 TL Vanillearoma
1 Prise Salz
2 Eier
Puderzucker zum Bestäuben

1 Den Ofen auf 180 °C vorheizen. Boden und Seiten einer quadratischen Backform (20 cm Seitenlänge) einfetten.

2 Die Walnüsse mit einigen Eßlöffel Zucker in der Küchenmaschine oder im Lebensmittelzerkleinerer mahlen.

3 Die gemahlenen Walnüsse, den restlichen Zucker und das Mehl in einer Schüssel vermischen. Die zerkleinerte Butter einkneten, bis die Masse grob-krümelig ist. Die Zutaten können auch alle zusammen in der Küchenmaschine verknetet werden.

4 Den Teig gleichmäßig in der vorbereiteten Form verteilen und andrücken. 25 Minuten backen.

5 Für die Decke in der Zwischenzeit die Butter mit dem Wasser in einen Topf geben und auf kleiner Flamme zerlassen. Kakaopulver und Zucker unterrühren.

6 Den Topf vom Feuer nehmen, Vanillearoma und Salz unterrühren und 5 Minuten abkühlen lassen.

7 Die Eier dazugeben. Alles gut verrühren. Die Mischung auf die untere Schicht gießen und gleichmäßig verteilen.

8 Wieder in den Ofen schieben und noch einmal ca. 20 Minuten backen, bis die Decke fest ist. Die Form Abkühlen lassen. Das Gebäck in 7 x 2,5 cm große Stücke schneiden. Mit Puderzucker bestreuen und bis zum Verzehr in den Kühlschrank stellen.

Pekannuß-Schnitten

Für 36 Stück

ZUTATEN

225 g Mehl
1 Prise Salz
115 g grobkörniger Zucker
225 g kalte Butter oder Margarine
1 Ei
abgeriebene Schale von 1 Zitrone
Für die Decke
175 g Butter
75 g Honig
50 g grobkörniger Zucker
115 g dunkelbrauner Zucker
5 EL Schlagsahne
450 g Pekannußhälften

1 Den Ofen auf 190 °C vorheizen. Eine 37 x 27 cm große Backform leicht einfetten.

2 Mehl und Salz in eine Schüssel sieben. Den Zucker untermischen. Die Butter bzw. Margarine zerschneiden und in das Mehl kneten, bis die Masse grob-krümelig ist. Ei und Zitronenschale dazugeben und mit einer Gabel zu einem Teig verrühren.

3 Den Teig in die vorbereitete Form geben. Mit bemehlten Fingern gleichmäßig andrücken. Die gesamte Teigplatte mit einer Gabel einstechen. 10 Minuten kalt stellen.

4 15 Minuten backen. Die Form aus dem Ofen nehmen, den Ofen aber während der Zubereitung der Decke eingeschaltet lassen.

5 Für die Decke Butter, Honig und beide Sorten Zucker zerlassen und zum Kochen bringen. 2 Minuten kochen lassen, ohne zu rühren. Vom Feuer nehmen und Sahne und Pekannüsse einrühren. Auf die Teigplatte gießen, wieder in den Ofen schieben und 25 Minuten backen. Abkühlen lassen.

6 Wenn das Gebäck abgekühlt ist, mit einem Messer von den Seiten der Form lösen. Auf ein Backblech stürzen, ein weiteres Blech darauflegen und wieder umdrehen. Vor dem Verzehr mit einem in sehr heißes Wasser getauchten scharfen Messer in quadratische Stücke schneiden.

Haselnuß-Schnitten

Für 9 Stück

ZUTATEN

50 g Bitterschokolade
65 g Butter oder Margarine
225 g feinkörniger Zucker
50 g Mehl
½ TL Backpulver
2 geschlagene Eier
½ TL Vanillearoma
115 g grobgehackte blanchierte Haselnüsse

1 Den Ofen auf 180 °C vorheizen. Eine quadratische Backform (20 cm Seitenlänge) einfetten.

2 Die zerkleinerte Schokolade und die Butter bzw. Margarine in einem feuerfesten Gefäß über einem Topf mit Wasser zerlassen und glattrühren.

3 Zucker, Mehl, Backpulver, Eier, Vanillearoma und die Hälfte der Haselnüsse dazugeben und mit einem Holzlöffel unterrühren.

4 Den Teig in die vorbereitete Form geben. 10 Minuten backen, dann mit den restlichen Haselnüssen bestreuen. Wieder in den Ofen schieben und weitere 25 Minuten backen, bis der Teig fest ist.

5 Die Form auf ein Kuchengitter stellen und 10 Minuten abkühlen lassen. Den Kuchen aus der Form nehmen und vollständig auskühlen lassen. Vor dem Servieren in quadratische Stücke schneiden.

Mandel-Schnitten

Für 18 Stück

ZUTATEN

75 g Butter
50 g grobkörniger Zucker
1 Eigelb
abgeriebene Schale und Saft von ½ Zitrone
½ TL Vanillearoma
2 EL Schlagsahne
115 g Mehl
Für die Decke
225 g grobkörniger Zucker
75 g gehobelte Mandeln
4 Eiweiß
½ TL gemahlener Ingwer
½ TL gemahlener Zimt

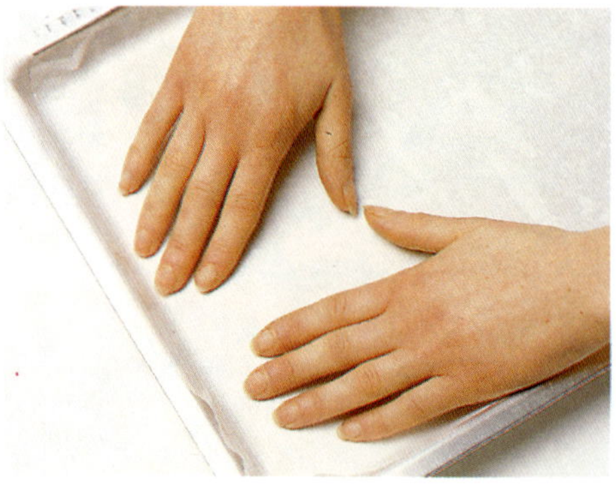

1 Den Ofen auf 190 °C vorheizen. Eine 33 x 23 cm große Backform mit Butterbrotpapier auslegen und das Papier einfetten.

2 Butter und Zucker mit dem Mixgerät zu einer locker-schaumigen Masse schlagen. Eigelb, Zitronenschale, Zitronensaft, Vanillearoma und Schlagsahne unterrühren.

3 Nach und nach das Mehl untermischen. Den Teig zu einer Kugel kneten und mit leicht bemehlten Fingern in die vorbereitete Form drücken. 15 Minuten backen. Aus dem Ofen nehmen, den Ofen aber eingeschaltet lassen.

4 Für die Decke alle Zutaten in einem schweren Topf vermischen und unter Rühren zum Kochen bringen. 1 Minute kochen lassen. Auf den Teig gießen und gleichmäßig verteilen.

5 Die Form wieder in den Ofen stellen und ca. 45 backen. Aus dem Ofen nehmen und das Gebäck in Quadrate oder Rechtecke schneiden.

Zitronen-Schnitten

Für 12 Stück

ZUTATEN

225 g Mehl
50 g Puderzucker
1 Prise Salz
175 g Butter oder Margarine
1 TL kaltes Wasser
Für die Zitronenschicht
4 Eier
450 g feinkörniger Zucker
25 g Mehl
½ TL Backpulver
1 TL abgeriebene Zitronenschale
50 ml frisch gepreßter Zitronensaft
Puderzucker zum Bestreuen

1 Den Ofen auf 180 °C vorheizen. Mehl, Puderzucker und Salz in eine Schüssel sieben.

2 Die Butter bzw. Margarine in die Mehlmischung kneten, bis die Masse grob-krümelig ist. Das Wasser dazugeben. Den Teig mit einer Gabel durchrühren und dann zu einer Kugel kneten.

3 Den Teig gleichmäßig in eine ungefettete 33 x 23 cm große Backform drücken. 15-20 Minuten hellgoldbraun backen. Aus dem Ofen nehmen und etwas abkühlen lassen.

4 Für die Zitronenschicht in der Zwischenzeit Eier, Zucker, Mehl, Backpulver, Zitronenschale und Zitronensaft gut verrühren.

5 Die Zitronenmischung auf den Teig gießen. Wieder in den Ofen stellen und 25 Minuten backen. In der Form auf ein Kuchengitter stellen und abkühlen lassen.

6 Vor dem Servieren mit Puderzucker bestäuben und mit einem scharfen Messer in quadratische Stücke schneiden.

Aprikosen-Mandel-Riegel

Diese leckeren Riegel halten sich einige Tage, ohne auszutrocknen.

Für 18 Stück

ZUTATEN

225 g backfertiges Mehl (mit Triebmittel)
115 g heller Rohrzucker
50 g Grieß
175 g verzehrfertige getrocknete Aprikosen
2 Eier
2 EL Malzextrakt
2 EL klaren Honig
4 EL Magermilch
4 EL Sonnenblumenöl
einige Tropfen Mandelaroma
2 EL gehobelte Mandeln

1 Den Ofen auf 160 °C vorheizen. Eine flache 28 x 18 cm große Form einfetten und mit Backpapier auslegen. Das Mehl in eine Schüssel sieben. Zucker, Grieß, Eier und die zerkleinerten Aprikosen dazugeben. Malzextrakt, Honig, Milch, Sonnenblumenöl und Mandelaroma hinzufügen und alles zu einer glatten Masse verrühren.

2 Den Teig in die vorbereitete Form geben, glattstreichen und mit den gehobelten Mandel bestreuen.

3 30-35 Minuten backen, bis das Gebäck in der Mitte elastisch auf leichten Druck reagiert. Zum Abkühlen auf ein Kuchengitter stellen. Den Kuchen mit Hilfe des Papiers aus der Form nehmen, auf ein Brett legen und mit einem scharfen Messer in 18 schmale Stücke schneiden.

Aprikosen-Riegel

Für 12 Stück

ZUTATEN

75 g hellbrauner Zucker
75 g Mehl
75 g kalte Butter
Für die Decke
175 g getrocknete Aprikosen
250 ml Wasser
abgeriebene Schale von
1 Zitrone
75 g grobkörniger Zucker
2 TL Maisstärke
50 g gehackte Walnüsse

1 Den Ofen auf 180 °C vorheizen. Eine quadratische Form (20 cm Seitenlänge) einfetten.

2 Zucker und Mehl in einer Schüssel vermischen. Die Butter einkneten, bis die Masse grob-krümelig ist.

3 Den Teig in die Form drücken. 15 Minuten backen. Aus dem Ofen nehmen, den Ofen nicht ausschalten.

4 Für die Decke die Aprikosen mit dem Wasser in einen Topf geben und ca. 10 Minuten köcheln lassen, bis die Aprikosen weich sind. Die Flüssigkeit abgießen und beiseite stellen.

5 Die in Stücke geschnittenen Aprikosen wieder in den Topf geben. Zitronenschale, Zucker, Maisstärke und 4 EL der abgegossenen Flüssigkeit dazugeben. 1 Minute kochen lassen.

6 Leicht abkühlen lassen und auf dem Teig verteilen. Mit den Walnüssen bestreuen und weitere 20 Minuten backen. In der Form abkühlen lassen und in schmale Stücke schneiden.

Blaubeer-Streusel-Schnitten

Für 30 Stück

ZUTATEN

225 g Mürbeteig
50 g Mehl
¼ TL Backpulver
40 g Butter oder Margarine
25 g frische Semmelbrösel
50 g hellbrauner Zucker
1 Prise Salz
50 g gehobelte oder gehackte Mandeln
4 EL Brombeergelee
115 g frische oder tiefgekühlte Blaubeeren

1 Den Ofen auf 180 °C vorheizen. Den Teig auf einer leicht bemehlten Arbeitsfläche so ausrollen, daß er eine 18 x 28 cm große Backform ausfüllt. Die Form einfetten.

2 Mehl, Backpulver, Butter bzw. Margarine, Semmelbrösel, Zucker und Salz zu einer Streuselmasse verkneten, dann die Mandeln untermischen.

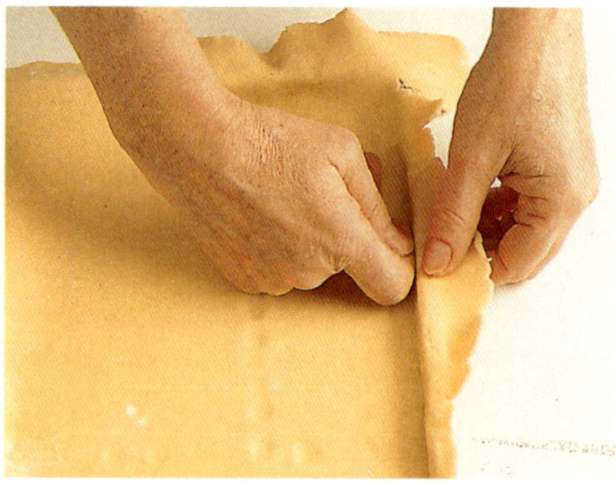

3 Die vorbereitete Form mit dem ausgerollten Teig auslegen. Den Teig mit dem Gelee bestreichen, darüber die Blaubeeren verteilen. Die Streuselmasse obenauf geben, gleichmäßig verteilen und leicht andrücken. 30-40 Minuten backen, dabei die Backtemperatur nach 20 Minuten auf 160 °C reduzieren.

4 Aus dem Ofen nehmen. Noch heiß in Stücke schneiden, dann zum Abkühlen auf ein Kuchengitter legen.

Dattel-Apfel-Schnitten

Diese Gebäckschnitten sollten nach Möglichkeit 1-2 Tage vor dem Verzehr gebacken werden.

Für 16 Stück

ZUTATEN

115 g Margarine
50 g dunkelbrauner Zucker
50 g heller Sirup
115 g Datteln
115 g Haferflocken
115 g backfertiges Vollkornmehl (mit Triebmittel)
2 geriebene Äpfel (ohne Schale und Kerngehäuse)
1-2 TL Zitronensaft
Walnußhälften

1 Den Ofen auf 190 °C vorheizen. Eine quadratische oder rechteckige Backform (18-20 cm) mit herausnehmbarem Boden mit Backpapier auslegen. Margarine, Zucker und Sirup in einem großen Topf vorsichtig erwärmen, bis die Margarine vollständig geschmolzen ist.

2 Die Datteln dazugeben und kochen lassen, bis sie weich geworden sind. Nach und nach Haferflocken, Mehl, Äpfel und Zitronensaft unterrühren.

3 Die Mischung in die vorbereitete Form geben und gleichmäßig breitstreichen. Mit den Walnußhälften belegen. 30 Minuten backen, dann die Temperatur auf 160 °C reduzieren und weitere 10-12 Minuten backen, bis das Gebäck goldgelb und fest ist.

4 Noch warm in Quadrate oder Rechtecke schneiden, wenn die Schnitten sofort verzehrt werden sollen, oder nach dem Abkühlen in Folie wickeln und 1-2 Tage aufbewahren.

Würzige Feigen-Riegel

Für 48 Stück

ZUTATEN

350 g getrocknete Feigen
3 Eier
175 g grobkörniger Zucker
75 g Mehl
1 TL Backpulver
$\frac{1}{2}$ TL gemahlener Zimt
$\frac{1}{4}$ TL gemahlene Nelken
$\frac{1}{4}$ TL geriebene Muskatnuß
1 Prise Salz
75 g feingehackte Walnüsse
2 EL Weinbrand oder Cognac
Puderzucker zum Bestäuben

1 Den Ofen auf 160 °C vorheizen. Eine 30 x 20 cm große Backform mit Butterbrotpapier auslegen und das Papier einfetten.

2 Die Feigen mit einem scharfen Messer in Stücke schneiden. Beiseite stellen.

3 Eier und Zucker in einer Schüssel verschlagen. Die trockenen Zutaten in eine andere Schüssel sieben. Portionsweise unter die Eiermischung heben.

4 Feigen, Walnüsse und Weinbrand bzw. Cognac dazugeben und alles gut verrühren.

5 Den Teig in die vorbereitete Form geben. 35-40 Minuten backen, bis die Oberseite braun und fest ist. Das Innere sollte noch weich sein. 5 Minuten in der Form abkühlen lassen. Aus der Form nehmen und auf ein mit Puderzucker bestäubtes Blatt Butterbrotpapier legen. In schmale Stücke schneiden.

Zitronen-Sahne-Riegel

Klein, aber fein - und ein Genuß zum Kaffee.

Für 36 Stück

ZUTATEN

50 g Puderzucker
175 g Mehl
1 Prise Salz
175 g Butter
Für die Decke
4 Eier
350 g grobkörniger Zucker
abgeriebene Schale von 1 Zitrone
120 ml frischer Zitronensaft
175 ml Schlagsahne
Puderzucker zum Bestäuben

1 Den Ofen auf 160 °C vorheizen. Eine 33 x 23 cm große Backform einfetten. Zucker, Mehl und Salz in eine Schüssel sieben. Die zerkleinerte Butter einkneten, bis die Masse grob-krümelig ist.

2 Den Teig in die vorbereitete Form drücken. Ca. 20 Minuten goldbraun backen.

3 Für die Decke in der Zwischenzeit Eier und Zucker verschlagen. Zitronenschale und Zitronensaft dazugeben und gut vermischen.

4 Die Sahne leicht schlagen und unter die Eiermischung heben. Auf den warmen Teig gießen, wieder in den Ofen stellen und ca. 40 Minuten backen, bis die Deckschicht fest ist. Das ausgekühlte Gebäck in schmale Stücke schneiden und mit Puderzucker bestäuben.

Schoko-Himbeer-Makronenschnitten

Anstelle der Himbeerkonfitüre kann jede andere Konfitüre ohne Kerne verwendet werden, z.B. Erdbeer- oder Aprikosenkonfitüre.

Für 16–18 Stück

ZUTATEN

115 g Butter
50 g Puderzucker
25 g Kakaopulver
1 Prise Salz
1 TL Mandelaroma
150 g Mehl
Für die Decke
150 g kernlose Himbeerkonfitüre
1 EL Himbeerlikör
175 g Mini-Schokoladen-Chips
175 g feingemahlene Mandeln
4 Eiweiß
1 Prise Salz
200 g feinkörniger Zucker
½ TL Mandelaroma
50 g gehobelte Mandeln

1 Den Ofen auf 160 °C vorheizen. Eine 23 x 33 cm goße Backform umdrehen. Ein Blatt Aluminiumfolie auf den Boden legen und über die Kanten drücken. Die Folie abnehmen. Die Form umdrehen und mit der vorgeformten Folie auslegen. Die Folie leicht einfetten.

2 Die Butter zerkleinern und in eine mittelgroße Schüssel geben. Zucker, Kakaopulver und Salz dazugeben und mit dem Mixgerät verrühren. Mandelaroma und Mehl unterrühren und alles zu einem krümeligen Teig verarbeiten.

3 Den Teig in die vorbereitete Form geben und gleichmäßig auf dem Boden verteilen, dabei fest andrücken. Den Teig mit einer Gabel einstechen.

4 20 Minuten backen, bis der Teig gerade fest wird. Aus dem Ofen nehmen und die Temperatur auf 190 °C erhöhen.

5 Für die Decke Himbeerkonfitüre und Himbeerlikör in einer kleinen Schüssel vermischen. Den Schokoladenteig gleichmäßig mit dieser Mischung bestreichen, dann die Schokoladen-Chips darüberstreuen.

6 In einer Küchenmaschine Mandeln, Eiweiß, Salz, Zucker und Mandelaroma zu einer schaumigen Mischung schlagen. Vorsichtig über die Konfitüreschicht gießen und bis zum Rand der Form ausstreichen. Die gehobelten Mandeln darüberstreuen.

7 Weitere 20-25 Minuten backen, bis die Deckschicht leicht aufgegangen und goldgelb ist. Die Form auf ein Kuchengitter stellen und 20 Minuten abkühlen lassen, bis das Gebäck fest ist.

8 Mit Hilfe der Folie vorsichtig aus der Form nehmen und vollständig auskühlen lassen. Die Folie entfernen und das Gebäck in Stücke schneiden.

Zitronen-Quark-Riegel

Für 24 Stück

ZUTATEN

115 g Mehl
50 g gehackte Walnüsse
75 g hellbrauner Zucker
75 g Butter
abgeriebene Schale und Saft von 1 kleinen Zitrone
225 g Sahnequark
50 g grobkörniger Zucker
1 EL Milch
½ TL Vanillearoma
1 großes Ei

1 Den Ofen auf 180 °C vorheizen. Eine quadratische Backform (23 cm Seitenlänge) einfetten.

2 Mehl, Walnüsse, Zucker und die zerkleinerte Butter verrühren. Die Mischung halbieren. Eine Hälfte in die vorbereitete Form drücken. 12-15 Minuten backen, bis der Teig leicht gebräunt ist. Aus dem Ofen nehmen.

3 Zitronenschale, Zitronensaft, Quark und Zucker verrühren, dann Milch, Vanillearoma und das Ei untermischen. Auf die Teigplatte geben. Den restlichen Teig wie Streuseln auf der Zitronenschicht verteilen. Weitere 25 Minuten backen, bis die Oberseite goldgelb ist. Auf einem Kuchengitter abkühlen lassen, dann kalt stellen. In schmale Stücke schneiden.

Orangen-Würzriegel

Für 50 Stück

ZUTATEN

115 g gehacktes Orangeat
50 g kernlose Rosinen
5 EL Rum
3 EL klarer Honig
3 EL dunkler Sirup
1 Ei
115 g gemahlene Mandeln
175 g Vollkornmehl
½ TL Backpulver
1 große Prise Natron
1 TL gemahlener Zimt
½ TL gemahlener Ingwer
115 g gehackte unblanchierte Mandeln
50 g Puderzucker
ca. 3 EL Orangensaft

1 Den Ofen auf 200 °C vorheizen. Eine 33 x 23 cm große Backform leicht einfetten. Orangeat, Rosinen und Rum in eine Schüssel geben und zugedeckt 1 Stunde stehen lassen.

2 Honig und Sirup in einen Topf geben und zum Kochen bringen. Nach dem Abkühlen das Ei unterschlagen. Gemahlene Mandeln, Mehl, Backpulver, Natron und Gewürze vermischen und in die Honigmischung rühren. Dann die gehackten Mandeln und die Rum-Mischung dazugeben und alles zu einem Teig verarbeiten.

3 Den Teig in die vorbereitete Form drücken. Ca. 20 Minuten backen. Auf einem Kuchengitter abkühlen lassen. Den Puderzucker in eine Schüssel sieben und so viel Orangensaft dazugeben, daß eine streichfähige Masse entsteht. 1 Stunde stehen lassen.

4 Die Glasur über den Teig streichen. Nach Belieben verzieren und in Stücke schneiden.

Schokoladen-Kokos-Riegel

Diese köstlich-süßen Riegel sind ganz einfach herzustellen.

Für 24 Stück

ZUTATEN

115 g Butter oder Margarine
175 g zerdrückte trockene Kekse
50 g feinkörniger Zucker
1 Prise Salz
75 g Kokosraspeln
250 g Bitterschokoladen-Chips
250 ml gezuckerte Kondensmilch
115 g gehackte Walnüsse

1 Den Ofen auf 180 °C vorheizen. Die zerkleinerte Butter bzw. Margarine in einem Topf auf kleiner Flamme zerlassen.

2 Die zerdrückten Kekse in eine Schüssel geben. Zucker, Salz und die zerlassene Butter bzw. Margarine dazugeben und vermischen. Die Mischung gleichmäßig auf den Boden einer ungefetteten 33 x 23 cm großen Backform drücken.

3 Die Kokosraspel und danach die Schokoladen-Chips auf die Keksschicht streuen. Die Kondensmilch gleichmäßig über die Schokolade verteilen und zum Schluß die Walnüsse darüberstreuen.

4 30 Minuten backen. Auf einem Kuchengitter abkühlen lassen, am besten über Nacht. Nach dem Abkühlen in schmale Stücke schneiden.

Gewürz-Schnitten

Für 30 Stück

ZUTATEN

75 g Mehl
1 1/2 TL Backpulver
1 TL gemahlener Zimt
1/2 TL geriebene Muskatnuß
1/4 TL gemahlene Nelken
1/4 TL gemahlenes Piment
250 g Rosinen
115 g Butter oder Margarine
115 g feinkörniger Zucker
2 Eier
175 g dunkler Sirup
50 g gehackte Walnüsse

1 Den Ofen auf 180 °C vorheizen. Boden und Seiten einer 33 x 23 cm großen Backform mit Butterbrotpapier auslegen und einfetten.

2 Mehl, Backpulver und Gewürze zusammen in eine Schüssel sieben.

3 Die Rosinen in eine andere Schüssel geben und mit einigen Eßlöffeln der Mehlmischung vermischen.

4 Butter bzw. Margarine und Zucker mit dem Mixgerät zu einer lockerschaumigen Masse schlagen. Die Eier einzeln unterrühren, danach Sirup, Mehl, Rosinen und Walnüsse unterheben.

5 Den Teig in die vorbereitete Form geben und gleichmäßig ausstreichen. 15-18 Minuten backen, bis der Teig gerade fest wird. In der Form abkühlen lassen, dann in quadratische Stücke oder Riegel schneiden.

Toffee-Baiser-Riegel

Für 12 Stück

ZUTATEN

50 g Butter
175 g dunkelbrauner Zucker
1 Ei
1/2 TL Vanillearoma
50 g Mehl
1 Prise Salz
1/4 TL geriebene Muskatnuß
Für die Decke
1 Eiweiß
1 Prise Salz
1 EL heller Sirup
115 g grobkörniger Zucker
50 g feingehackte Walnüsse

1 Butter und braunen Zucker in einen Topf geben und kochen, bis die Masse Blasen wirft. Beiseite stellen.

2 Den Ofen auf 180 °C vorheizen. Eine quadratische Backform (20 cm Seitenlänge) mit Butterbrotpapier auslegen und das Papier einfetten.

3 Ei und Vanillearoma in die abgekühlte Zuckermischung rühren. Mehl, Salz und Muskat darübersieben und unterheben. In die vorbereitete Form geben und breitstreichen.

4 Für die Decke das Eiweiß mit dem Salz schlagen, bis sich weiche Spitzen ziehen lassen. Den hellen Sirup und dann den Zucker unterrühren. So lange weiterschlagen, bis sich feste Spitzen ziehen lassen.

5 Die Nüsse unterheben. Die Mischung auf der Teigplatte verteilen. 30 Minuten backen. Nach dem Abkühlen in schmale Stücke schneiden.

Muffins und Scones

Muffins schmecken köstlich und sind dabei ganz einfach zuzubereiten: für den Teig werden die flüssigen Zutaten nicht länger als 10-20 Sekunden zusammengerührt. Dabei bleiben zwar einige Klümpchen im Teig, die man aber getrost ignorieren kann. Wird der Teig nämlich zu lange gerührt, wird er zäh und die Muffins werden löchrig und grob. Der Teig sollte auch nicht zu dünnflüssig sein, sondern schwerreißend vom Löffel fallen.

Muffins ißt man am besten frischgebacken und warm, auf jeden Fall aber noch am gleichen Tag. Man kann sie auch aufbacken, dazu werden sie locker in Folie gepackt und im vorgeheizten Ofen bei 230 °C 5 Minuten aufgewärmt.

Scones sind die typischen englischen Teeküchlein, die traditionell zum Fünfuhrtee serviert werden. Man ißt sie - genau wie die ebenfalls sehr beliebten Buns, eine Art kleine Brötchen – noch warm, meist aufgeschnitten und mit Butter bestrichen. Dazu werden Sahne und Marmelade serviert. In der heutigen Form gibt es diese Küchlein erst seit der Zeit Königin Viktorias, als Backtriebmittel und zuverlässige Backöfen aufkamen. Ihre Vorgänger wurden noch auf eisernen Backplatten auf dem Herd gebacken.

Das Geheimnis vollkommener, zart-lockerer Scones liegt in der Teigbereitung. Der Teig darf nicht zu naß sein, muß schnell bereitet und darf nur leicht durchgearbeitet werden. Dann muß er mit gleichmäßigem Druck auf die richtige Dicke – mindestens 2 cm – ausgerollt werden. Außerdem muß der Ofen auf eine ziemlich hohe Temperatur, meist ca. 220 °C, vorgeheizt werden.

Hafer-Buttermilch-Muffins

Für 12 Stück

ZUTATEN

115 g Haferflocken
250 ml Buttermilch
115 g Butter
75 g dunkelbrauner Zucker
1 Ei
115 g Mehl
1 TL Backpulver
½ TL Natron
1 Prise Salz
25 g Rosinen

Unser Tip Sollte keine Buttermilch verfügbar sein, kann man 250 ml Milch mit 1 TL Zitronensaft oder Essig vermischen. Einige Minuten gerinnen lassen, dann zu den Haferflocken geben.

1 Haferflocken und Buttermilch in einer Schüssel vermischen. 1 Stunde weichen lassen.

2 12 Muffin-Formen einfetten oder mit Papier-Förmchen auslegen. Den Ofen auf 200 °C vorheizen.

3 Butter und Zucker mit dem Mixgerät locker-schaumig schlagen. Das Ei unterrühren.

4 Mehl, Backpulver, Natron und Salz zusammen sieben. Abwechselnd Mehl und Haferflocken zur Buttermischung geben und unterrühren. Die Rosinen unterheben.

5 Die Muffin-Formen zu zwei Dritteln füllen. 20-25 Minuten backen. Auf einem Kuchengitter abkühlen lassen.

Kürbis-Muffins

Für 14 Stück

ZUTATEN

115 g Butter oder Margarine
175 g brauner Zucker
115 g dunkler Sirup
1 geschlagenes Ei
225 g Kürbis
(gekocht oder aus der Konserve)
200 g Mehl
1 Prise Salz
1 TL Natron
1½ TL gemahlener Zimt
1 TL geriebene Muskatnuß
50 g Korinthen oder Rosinen

1 Den Ofen auf 200 °C vorheizen. 14 Muffin-Formen einfetten oder mit Papier-Förmchen auslegen.

2 Die Butter bzw. Margarine mit dem Mixgerät cremig rühren. Zucker und Sirup dazugeben und locker schlagen.

3 Ei und Kürbis dazugeben und alles gut verrühren.

4 Mehl, Salz, Natron, Zimt und Muskat darübersieben. Nur leicht unterheben, nicht zu stark rühren.

5 Die Korinthen bzw. Rosinen unter die Kürbismischung heben, dabei gleichmäßig verteilen.

6 Die Muffin-Formen zu zwei Dritteln mit dem Teig füllen.

7 12-15 Minuten backen, bis die Oberseite auf leichten Druck elastisch reagiert. Warm oder kalt servieren.

Bananen-Muffins

Für 12 Stück

ZUTATEN

225 g Mehl
1 TL Backpulver
1 TL Natron
1 Prise Salz
½ TL gemahlener Zimt
¼ TL geriebene Muskatnuß
3 große reife Bananen
1 Ei
50 g dunkelbrauner Zucker
50 ml Pflanzenöl
40 g Rosinen

1 Den Ofen auf 190 °C vorheizen.

2 12 Muffin-Formen einfetten oder mit Papier-Förmchen auslegen.

3 Mehl, Backpulver, Natron, Salz, Zimt und Muskat zusammen sieben und beiseite stellen.

4 Die Bananen mit dem Mixgerät auf niedriger Stufe pürieren.

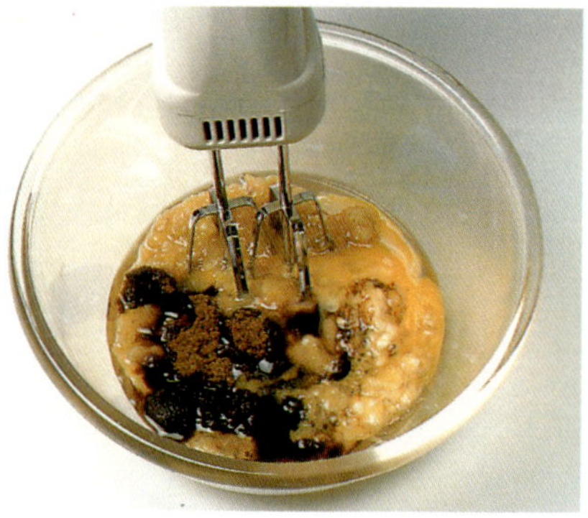

5 Ei, Zucker und Öl unter das Bananenpüree schlagen.

6 Die trockenen Zutaten dazugeben und mit dem Mixgerät auf niedriger Stufe allmählich unterrühren. Nicht zu lange rühren. Mit einem Holzlöffel die Rosinen unterheben.

7 Die Muffin-Formen zu zwei Dritteln füllen. 20-25 Minuten backen, bis die Oberseite auf leichten Druck elastisch reagiert. Auf einem Kuchengitter abkühlen lassen.

Ahornsirup-Pekan-Muffins

Für 20 Stück

ZUTATEN

150 g Pekannüsse
300 g Mehl
1 TL Backpulver
1 TL Natron
1 Prise Salz
¼ TL gemahlener Zimt
115 g grobkörniger Zucker
50 g hellbrauner Zucker
3 EL Ahornsirup
150 g Butter
3 Eier
300 ml Buttermilch
60 Pekannußhälften zum Dekorieren

Variation Für Pekan-Gewürz-Muffins den Ahornsirup durch die gleiche Menge dunklen Sirup ersetzen. ½ TL Zimt verwenden, dazu 1 TL gemahlenen Ingwer und ½ TL geriebene Muskatnuß. Die Gewürze mit dem Mehl und den anderen trockenen Zutaten sieben.

1 Den Ofen auf 180 °C vorheizen. 20 Muffin-Formen einfetten oder mit Papier-Förmchen auslegen.

2 Die Pekannüsse auf einem Backblech ausbreiten und 5 Minuten im Ofen rösten. Abkühlen lassen, grob hacken und beiseite stellen.

3 Mehl, Backpulver, Natron, Salz und Zimt zusammen in eine Schüssel sieben. Beiseite stellen.

4 Zucker, Ahornsirup und Butter in einer großen Schüssel vermischen und mit dem Mixgerät zu einer locker-schaumigen Masse schlagen.

5 Die Eier einzeln dazugeben. Jedes Mal gut unterrühren.

6 Die Hälfte der Buttermilch und die Hälfte der trockenen Zutaten zur Buttermischung geben und alles gut verrühren. Dann mit der restlichen Buttermilch und der restlichen Mehlmischung ebenso verfahren.

7 Die gehackten Pekannüsse unter den Teig heben. Die Muffin-Formen zu zwei Dritteln füllen. Mit Pekannußhälften dekorieren.
20-25 Minuten backen, bis die Muffins gut aufgegangen und goldgelb sind.

Himbeer-Muffins

Diese Muffins werden durch die fettarme Buttermilch locker und leicht. Sie sind zu jeder Tageszeit ein Genuß.

Für 10–12 Stück

ZUTATEN

300 g Mehl
1 TL Backpulver
115 g feinkörniger Zucker
1 Ei
250 ml Buttermilch
4 EL Sonnenblumenöl
150 g Himbeeren

Variation Preiselbeer-Muffins sind lecker zum Frühstück oder zum Tee und auch für jene geeignet, die es nicht ganz so süß mögen.

350 g Mehl
1 TL Backpulver
1 Prise Salz
115 g feinkörniger Zucker
2 Eier
150 ml Milch
4 EL Maisöl
abgeriebene Schale von 1 Orange
150 g Preiselbeeren

1 Den Ofen auf 190 °C vorheizen. 12 tiefe Muffin-Formen mit Papier-Förmchen auslegen. Mehl, Backpulver, Salz und Zucker vermischen. Die Eier leicht mit der Milch und dem Öl verschlagen.

2 Die Flüssigkeiten zu den trockenen Zutaten geben und alles zu einem glatten Teig verrühren. Den Teig in die Muffin-Formen verteilen. 25 Minuten backen, bis die Muffins aufgegangen und goldgelb sind. Einige Minuten in den Formen abkühlen lassen. Warm oder kalt servieren.

1 Den Ofen auf 200 °C vorheizen. 12 tiefe Muffin-Formen mit Papier-Förmchen auslegen. Mehl und Backpulver in eine Schüssel sieben, den Zucker untermischen und eine Mulde eindrücken.

2 Ei, Buttermilch und Sonnenblumenöl in einer Schüssel vermischen und in die Mehlmischung gießen. Schnell verrühren, bis alles vermischt ist.

3 Die Himbeeren dazugeben und mit einem Metallöffel unterheben. Den Teig in die Formen geben.

4 20-25 Minuten backen, bis die Muffins goldbraun und innen fest sind. Auf ein Kuchengitter legen und warm oder kalt servieren.

Muffins mit zweierlei Schoko-Chips

Diese delikaten Muffins stecken voller leckerer Chips aus weißer und Bitterschokolade.

Für 16 Stück

ZUTATEN

400 g Mehl
1 TL Backpulver
2 TL Kakaopulver
115 g dunkler Rohrzucker
2 Eier
150 ml saure Sahne
150 ml Milch
4 EL Sonnenblumenöl
175 g weiße Schokolade
175 g Bitterschokolade
Kakaopulver zum Bestäuben

Unser Tip Sollte keine saure Sahne verfügbar sein, 150 ml Sahne mit 1 TL Zitronensaft verrühren. Stehen lassen, bis die Sahne eingedickt ist.

1 Den Ofen auf 190 °C vorheizen. 16 Muffin-Formen mit Papier-Förmchen auslegen. Mehl, Backpulver und Kakaopulver in eine Schüssel sieben und den Zucker unterrühren. Eine Mulde eindrücken.

2 In einer anderen Schüssel Eier, saure Sahne, Milch und Öl verschlagen. In die Mehlmischung gießen. Gut verrühren, dabei das Mehl nach und nach einarbeiten, so daß ein dicker cremiger Teig entsteht.

Variation Achten Sie darauf, daß die verwendete Schokolade einen hohen Kakao-Anteil hat. Die Mengenanteile von weißer und Bitterschokolade können variiert werden. Wer lieber Vollmilchschokolade mag, kann auch diese verwenden.

3 Die Schokolade fein zerkleinern und in den Teig rühren.

4 Den Teig in die Muffin-Formen geben, diese dabei fast bis zum Rand füllen. 25-30 Minuten backen, bis die Muffins gut aufgegangen sind und sich fest anfühlen. Zum Abkühlen auf ein Kuchengitter legen, dann mit Kakaopulver bestäuben.

Schokoladen-Walnuß-Muffins

Schokolade und Walnüsse passen vortrefflich zusammen.

Für 12 Stück

ZUTATEN

175 g Butter
150 g Bitterschokolade
225 g grobkörniger Zucker
50 g dunkelbrauner Zucker
4 Eier
1 TL Vanillearoma
¼ TL Mandelaroma
75 g Mehl
115 g gehackte Walnüsse

1 Den Ofen auf 180 °C vorheizen. Muffin-Formen einfetten oder mit Papier-Förmchen auslegen.

2 Butter und Schokolade zerkleinern und in einem Gefäß über einem Topf mit heißem Wasser zerlassen. In eine große Schüssel geben.

3 Beide Sorten Zucker in die Schokoladenmasse rühren. Die Eier einzeln dazugeben, dann Vanille- und Mandelaroma.

4 Das Mehl darübersieben und unterheben, bis alles gut vermischt ist.

5 Die Walnüsse gleichmäßig unter die Schokoladenmasse rühren.

6 Die Muffin-Formen fast bis zum Rand füllen. 30-35 Minuten backen. 5 Minuten stehen lassen, dann auf ein Kuchengitter legen.

Schoko-Chip-Muffins

Verwenden Sie hierfür die besten Schokoladen-Chips, die Sie finden können.

Für 10 Stück

ZUTATEN

115 g Butter oder Margarine
75 g grobkörniger Zucker
2 EL dunkelbrauner Zucker
2 Eier
175 g Mehl
1 TL Backpulver
120 ml Milch
175 g Bitterschokoladen-Chips

1 Den Ofen auf 190 °C vorheizen. 10 Muffin-Formen einfetten oder mit Papier-Förmchen auslegen.

2 Die Butter bzw. Margarine mit dem Mixgerät cremig rühren. Beide Sorten Zucker dazugeben und alles zu einer locker-schaumigen Masse schlagen. Die Eier einzeln dazugeben und unterschlagen.

3 Mehl und Backpulver zweimal sieben. Im Wechsel mit der Milch unter die Buttermischung heben.

4 Die Hälfte des Teigs in die Muffin-Formen verteilen. Jeweils einige Schokoladen-Chips daraufstreuen und mit einem Löffel Teig bedecken.

5 Ca. 25 Minuten backen, bis die Muffins etwas Farbe angenommen haben. 5 Minuten stehen lassen, dann auf einem Kuchengitter abkühlen lassen.

Bananen-Nuß-Buns

Wer es so lieber mag, kann die Pekannüsse durch Walnüsse ersetzen.

Für 8 Stück

ZUTATEN

150 g Mehl
1 1/2 TL Backpulver
50 g Butter oder Margarine
175 g feinkörniger Zucker
1 Ei
1 TL Vanillearoma
3 mittelgroße Bananen
50 g gehackte Pekannüsse
75 ml Milch

1 Den Ofen auf 190 °C vorheizen. Acht Pasteten-Formen einfetten.

2 Mehl und Backpulver in eine kleine Schüssel sieben und beiseite stellen.

3 Butter bzw. Margarine und Zucker mit dem Mixgerät verrühren. Ei und Vanillearoma dazugeben und alles schaumig schlagen. Die zerdrückten Bananen unterrühren.

4 Die Pekannüsse dazugeben. Abwechselnd kleinere Portionen Mehl und Milch dazugeben und mit dem Mixgerät auf niedriger Stufe unterrühren. Den Teig in die vorbereiteten Formen geben. 20-25 Minuten backen, bis an einem in der Mitte eingestochenen Stäbchen oder Spieß kein Teig mehr haftet.

5 10 Minuten in der Form abkühlen lassen. Aus der Form nehmen und vor dem Servieren weitere 10 Minuten auf einem Kuchengitter abkühlen lassen.

Beeren-Zimt-Buns

Für 8 Stück

ZUTATEN

115 g Mehl
1 EL Backpulver
1 Prise Salz
65 g hellbrauner Zucker
1 Ei
175 ml Milch
3 EL Pflanzenöl
2 TL gemahlener Zimt
150 g frische oder aufgetaute Blaubeeren oder Schwarze Johannisbeeren

1 Den Ofen auf 190 °C vorheizen. Acht Pasteten-Formen einfetten.

2 Die ersten acht Zutaten vom Backrezept mit dem Mixgerät zu einem glatten Teig verrühren.

3 Die Beeren unter den Teig heben, dabei gleichmäßig verteilen.

4 Die Pasteten-Formen zu zwei Dritteln mit dem Teig füllen. Ca. 25 Minuten backen, bis an einem in der Mitte eingestochenen Stäbchen oder Spieß kein Teig mehr haftet.

5 10 Minuten in der Form abkühlen lassen. Aus der Form nehmen und auf einem Kuchengitter vollständig auskühlen lassen.

Möhren-Muffins

Für 12 Stück

ZUTATEN

175 g Margarine
75 g dunkelbrauner Zucker
1 Ei
1 EL Wasser
275 g geriebene Möhren
150 g Mehl
1 TL Backpulver
½ TL Natron
1 TL gemahlener Zimt
¼ TL geriebene Muskatnuß
1 Prise Salz

1 Den Ofen auf 180 °C vorheizen. 12 Muffin-Formen einfetten oder mit Papier-Förmchen auslegen.

2 Margarine und Zucker mit dem Mixgerät schaumig schlagen. Ei und Wasser unterrühren.

3 Die geriebenen Möhren dazugeben und rühren, bis alles gut durchmischt ist. Mehl, Backpulver, Natron, Zimt, Muskat und Salz darübersieben und unterrühren.

4 Die vorbereiteten Formen fast bis zum Rand mit Teig füllen.

5 Ca. 35 Minuten backen, bis die Oberseite elastisch auf leichte Berührung reagiert. 10 Minuten in der Form abkühlen lassen, dann auf ein Kuchengitter legen.

Muffins mit getrockneten Kirschen

Sollten Sie keine getrockneten Kirschen bekommen, können Sie auch getrocknete Preiselbeeren verwenden.

Für 16 Stück

ZUTATEN

250 ml Joghurt naturell
225 g getrocknete Kirschen
115 g Butter
175 g feinkörniger Zucker
2 Eier
1 TL Vanillearoma
200 g Mehl
2 TL Backpulver
1 TL Natron
1 Prise Salz

1 Joghurt und Kirschen in einer Schüssel vermischen. Zugedeckt 30 Minuten stehen lassen.

2 Den Ofen auf 180 °C vorheizen. 16 Muffin-Formen einfetten oder mit Papier-Förmchen auslegen.

3 Butter und Zucker mit dem Mixgerät schaumig schlagen.

4 Die Eier einzeln dazugeben und unterrühren. Vanillearoma und Kirschmischung dazugeben und alles gut vermischen. Beiseite stellen.

5 Mehl, Backpulver, Natron und Salz in eine andere Schüssel sieben. In drei Portionen unter die Kirschmischung heben. Nicht zu lange rühren.

6 Die vorbereiteten Muffin-Formen zu zwei Dritteln mit Teig füllen. Ca. 20 Minuten backen, bis die Oberseite elastisch auf leichte Berührung reagiert. Auf einem Kuchengitter abkühlen lassen.

Blaubeer-Muffins

Für 12 Stück

ZUTATEN

175 g Mehl
75 g feinkörniger Zucker
2 TL Backpulver
1 Prise Salz
2 Eier
4 EL Butter
175 ml Milch
1 TL Vanillearoma
1 TL abgeriebene Zitronenschale
150 g frische Blaubeeren

1 Den Ofen auf 200 °C vorheizen. 12 Muffin-Formen einfetten oder mit Papier-Förmchen auslegen.

2 Mehl, Zucker, Backpulver und Salz in eine Schüssel sieben. Die Butter zerlassen. Die Eier schlagen, zerlassene Butter, Milch, Vanillearoma und Zitronenschale unterrühren.

3 In das Mehl eine Mulde drücken und die Eiermischung hineingießen. Mit einem großen Metalllöffel nur so lange umrühren, bis das Mehl angefeuchtet ist. Nicht glattrühren.

4 Die Blaubeeren waschen und gut abtrocknen. Mit einem Metalllöffel unter den Teig heben, dabei gleichmäßig verteilen.

5 Die Formen nicht ganz bis zum Rand mit Teig füllen. 20-25 Minuten backen. 5 Minuten in der Form abkühlen lassen, dann auf ein Kuchengitter legen.

Dattel-Apfel-Muffins

Diese köstlichen Muffins sind sehr sättigend.

Für 12 Stück

ZUTATEN

150 g backfertiges Vollkornmehl (mit Triebmittel)
150 g backfertiges weißes Mehl (mit Triebmittel)
1 TL gemahlener Zimt
1 TL Backpulver
2 EL Margarine
75 g heller Rohrzucker
1 Apfel
250 ml Apfelsaft
2 EL Apfel-Birnen-Aufstrich
1 Ei
75 g Datteln
1 EL gehackte Pekannüsse

1 Den Ofen auf 200 °C vorheizen. 12 tiefe Muffin-Formen mit Papier-Förmchen auslegen. Das Vollkornmehl in eine Schüssel geben. Weißes Mehl, Backpulver und Zimt dazusieben. Die Margarine einkneten, bis die Masse grob-krümelig ist, dann den Zucker unterrühren.

2 Den Apfel vierteln und vom Kerngehäuse befreien. Fein zerkleinern und beiseite stellen. Den Apfel-Birnen-Aufstrich mit etwas Apfelsaft glattrühren. Mit dem restlichen Saft verrühren und mit dem leicht geschlagenen Ei an die Mehl-Butter-Mischung geben.

3 Die Datteln zerkleinern und mit den Apfelstückchen zum Teig geben. Nur leicht untermischen. Den Teig in die Muffin-Formen verteilen.

4 Mit den gehackten Pekannüssen bestreuen. 20-25 Minuten backen, bis die Muffins goldbraun und innen fest sind. Auf ein Kuchengitter legen. Noch warm servieren.

Brombeer-Muffins

Die Brombeeren können auch durch andere Beeren ersetzt werden, z.B. Holunder- oder Blaubeeren.

Für 12 Stück

ZUTATEN

275 g Mehl
50 g hellbrauner Zucker
4 TL Backpulver
1 Prise Salz
65 g gehackte blanchierte Mandeln
90 g frische Brombeeren
2 Eier
200 ml Milch
65 g Butter
1 EL Schlehen-Likör
1 EL Rosenwasser

1 Mehl, Zucker, Backpulver und Salz in einer Schüssel vermischen. Mandeln und Brombeeren untermischen. Die Beeren müssen rundum von Mehl bedeckt sein.

2 Den Ofen auf 200 °C vorheizen. 12 Muffin-Formen einfetten oder mit Papier-Förmchen auslegen.

3 Eier und Milch in einer anderen Schüssel verrühren, nach und nach die zerlassene Butter, den Schlehen-Likör und das Rosenwasser untermischen. In die trockenen Zutaten eine Mulde drücken und die Ei-Milch-Mischung hineingießen. Gut verrühren. Den Teig in die Muffin-Formen geben. 20-25 Minuten backen, bis die Muffins braun sind.

Schoko-Blaubeer-Muffins

Im Gegensatz zu vielen anderen Früchten passen Blaubeeren sehr gut zu Schokolade.

Für 12 Stück

ZUTATEN

115 g Butter
75 g Bitterschokolade
200 g grobkörniger Zucker
1 Ei
250 ml Buttermilch
2 TL Vanillearoma
275 g Mehl
1 TL Natron
175 g frische oder aufgetaute Blaubeeren
25 g Bitterschokolade zum Verzieren

1 Den Ofen auf 190 °C vorheizen. 12 tiefe Pasteten-Formen einfetten oder mit Papier-Förmchen auslegen. Die zerkleinerte Schokolade mit der Butter in einen Topf geben. Auf mittlerer Flamme unter häufigem Rühren zerlassen. Glattrühren, vom Feuer nehmen und etwas abkühlen lassen.

2 Zucker, Buttermilch, Vanillearoma und das leicht geschlagene Ei unterrühren. Mehl und Natron vorsichtig unterheben. (Nicht zu lange rühren, auch wenn Mehlklümpchen im Teig verbleiben.) Die Blaubeeren unterheben.

3 Die vorbereiteten Formen bis zum Rand mit Teig füllen. 25-30 Minuten backen, bis an einem in der Mitte eingestochenen Stäbchen oder Spieß nur noch wenige Krümel haften. Die Muffins sofort aus den Formen nehmen, sonst werden sie matschig. Mit der zerlassenen Bitterschokolade verzieren. Warm oder kalt servieren.

Backpflaumen-Muffins

Verwenden Sie wenn möglich verzehrfertige Backpflaumen, da diese schon entsteint und eingeweicht sind.

Für 12 Stück

ZUTATEN

1 Ei
250 ml Milch
50 ml Pflanzenöl
50 g grobkörniger Zucker
2 EL dunkelbrauner Zucker
225 g Mehl
2 TL Backpulver
1 Prise Salz
¼ TL geriebene Muskatnuß
150 g gekochte, entsteinte Backpflaumen

1 Den Ofen auf 200 °C vorheizen. 12 Muffin-Formen einfetten oder mit Papier-Förmchen auslegen.

2 Das Ei in eine Schüssel geben und mit einer Gabel schlagen. Milch und Öl unterrühren.

3 Beide Sorten Zucker einrühren. Beiseite stellen. Mehl, Backpulver, Salz und Muskat in eine Schüssel sieben. In der Mitte eine Mulde eindrücken, die Eiermischung hineingießen und verrühren. Der Teig sollte leicht klumpig sein.

4 Die zerkleinerten Backpflaumen vorsichtig unterheben, dabei gleichmäßig verteilen. Die vorbereiteten Muffin-Formen zu zwei Dritteln füllen.

5 Ca. 20 Minuten goldbraun backen. 10 Minuten in der Form stehen lassen, dann herausnehmen und auf ein Kuchengitter legen. Warm oder mit Zimmertemperatur servieren.

Joghurt-Honig-Muffins

Für 12 Stück

ZUTATEN

50 g Butter
75 g klarer Honig
250 ml Joghurt naturell
1 Ei
abgeriebene Schale von 1 Zitrone
50 ml Zitronensaft
115 g Mehl
115 g Vollkornmehl
1½ TL Natron
1 Prise Muskat

Variation Für Walnuß-Joghurt-Honig-Muffins 50 g gehackte Walnüsse unter das Mehl mischen. Dadurch werden die Muffins etwas gehaltvoller und sättigender.

1 Den Ofen auf 190 °C vorheizen. 12 Muffin-Formen einfetten oder mit Papier-Förmchen auslegen.

2 Butter und Honig in einem Topf zerlassen. Vom Feuer nehmen und etwas abkühlen lassen.

3 Joghurt, Ei, Zitronenschale und Zitronensaft in einer Schüssel verrühren. Die Butter-Honig-Mischung dazugeben. Beiseite stellen.

4 Die trockenen Zutaten in eine andere Schüssel sieben. Unter die Joghurt-Mischung heben.

5 Die vorbereiteten Muffin-Formen zu zwei Dritteln füllen. 20-25 Minuten backen, bis die Oberseite elastisch auf leichte Berührung reagiert. 5 Minuten in der Form abkühlen lassen, dann herausnehmen und auf ein Kuchengitter legen. Warm oder mit Zimmertemperatur servieren.

Rosinen-Kleie-Muffins

Für 15 Stück

ZUTATEN

50 g Butter oder Margarine
75 g Mehl
50 g Vollkornmehl
1 1/2 TL Natron
1 Prise Salz
1 TL gemahlener Zimt
25 g Weizenkleie
75 g Rosinen
50 g dunkelbrauner Zucker
50 g grobkörniger Zucker
1 Ei
250 ml Buttermilch
Saft von 1/2 Zitrone

1 Den Ofen auf 200 °C vorheizen. 15 Muffin-Formen einfetten oder mit Papier-Förmchen auslegen.

2 Die Butter bzw. Margarine in einem Topf auf kleiner Flamme zerlassen. Beiseite stellen. Mehl, Vollkornmehl, Natron, Salz und Zimt zusammen in eine Schüssel sieben.

3 Weizenkleie, Rosinen und beide Sorten Zucker unterrühren. Ei, Buttermilch, Zitronensaft und die zerlassene Butter bzw. Margarine in einer anderen Schüssel vermischen.

4 Die Buttermilch-Mischung zu den trockenen Zutaten geben und so lange rühren, bis diese gerade befeuchtet sind. Das geht sehr schnell.

5 Den Teig auf keinen Fall glattrühren. Die vorbereiteten Formen fast bis zum Rand mit Teig füllen. 15-20 Minuten backen. Warm oder mit Zimmertemperatur servieren.

Knusper-Muffins mit Himbeeren

Für 12 Stück

ZUTATEN

175 g Mehl
2 TL Backpulver
1 Prise Salz
1 TL gemahlener Zimt
50 g grobkörniger Zucker
50 g hellbrauner Zucker
115 g Butter
1 Ei
120 ml Milch
225 g frische Himbeeren
abgeriebene Schale von
1 Zitrone
Für die Knusperstreusel
50 g feingehackte Pekannüsse
50 g dunkelbrauner Zucker
3 EL Mehl
1 TL gemahlener Zimt
3 EL Butter

1 Den Ofen auf 180 °C vorheizen. 12 Muffin-Formen einfetten oder mit Papier-Förmchen auslegen. Mehl, Backpulver, Salz und Zimt in eine Schüssel sieben. Die beiden Sorten Zucker untermischen.

2 In die Mitte eine Mulde eindrücken. Die zerlassene Butter, das Ei und die Milch hineingeben und mit dem Mehl verrühren, bis alles gerade vermischt ist. Himbeeren und Zitronenschale unterrühren. Die vorbereiteten Muffin-Formen fast bis zum Rand mit Teig füllen.

3 Für die Knusperstreusel Pekannüsse, Zucker, Mehl und Zimt in einer Schüssel vermischen. Die zerlassene Butter unterrühren.

4 Die Streuselmischung auf die Muffins geben. Ca. 25 Minuten backen. Auf einem Kuchengitter etwas abkühlen lassen. Warm servieren.

Nuß-Muffins mit Likör

Der Nußlikör macht diese amerikanischen Muffins extra-locker.

Für 12–14 Stück

ZUTATEN

225 g Mehl
4 EL Backpulver
½ TL Back-Gewürzmischung
1 Prise Salz
115 g hellbrauner Zucker
75 g gehackte Walnüsse
50 g Butter
2 Eier
175 ml Milch
2 EL Walnußlikör
Zum Bestreuen
2 EL dunkelbrauner Zucker
25 g gehackte Walnüsse

1 Den Ofen auf 200 °C vorheizen. 12-14 Muffin-Formen einfetten oder mit Papier-Förmchen auslegen. Mehl, Backpulver, Gewürzmischung und Saft in eine Schüssel sieben, dann den Zucker und die gehackten Walnüsse untermischen.

2 Die Butter zerlassen und mit Eiern, Milch und Likör vermischen.

3 Die Mischung zu den trockenen Zutaten geben. Nur so lange verrühren, bis alles gerade vermischt ist. Der Teig sollte klumpig sein.

4 Die Muffin-Formen zu zwei Dritteln mit Teig füllen. Mit Zucker und Walnüssen bestreuen. 15 Minuten backen, bis die Muffins goldbraun sind. Noch einige Minuten in der Form lassen, dann herausnehmen und auf einem Kuchengitter abkühlen lassen.

Apfel-Zimt-Muffins

Diese würzigen Muffins sind schnell gemacht. Sie sind ideal zum Frühstück oder zum Tee.

Für 6 Stück

ZUTATEN

1 Ei
40 g feinkörniger Zucker
120 ml Milch
50 g Butter
150 g Mehl
1 ½ TL Backpulver
1 Prise Salz
½ TL gemahlener Zimt
2 kleine Äpfel ohne Schale und Kerngehäuse
Zum Bestreuen
12 Stück brauner Würfelzucker
1 TL gemahlener Zimt

Unser Tip Der Muffin-Teig darf nicht zu lange gerührt werden, sondern sollte klumpig sein.

1 Den Ofen auf 200 °C vorheizen. Sechs große Muffin-Formen mit Papier-Förmchen auslegen. Das geschlagene Ei in einer großen Schüssel mit dem Zucker, der Milch und der zerlassenen Butter vermischen. Mehl, Backpulver, Salz und Zimt darübersieben. Die fein zerkleinerten Äpfel dazugeben und alles verrühren.

2 Den Teig in die vorbereiteten Muffin-Formen geben. Den Würfelzucker grob zerstampfen und mit dem Zimt vermischen. Die Muffins damit bestreuen.

3 30-35 Minuten backen, bis die Muffins gut aufgegangen und goldgelb sind. Auf einem Kuchengitter abkühlen lassen.

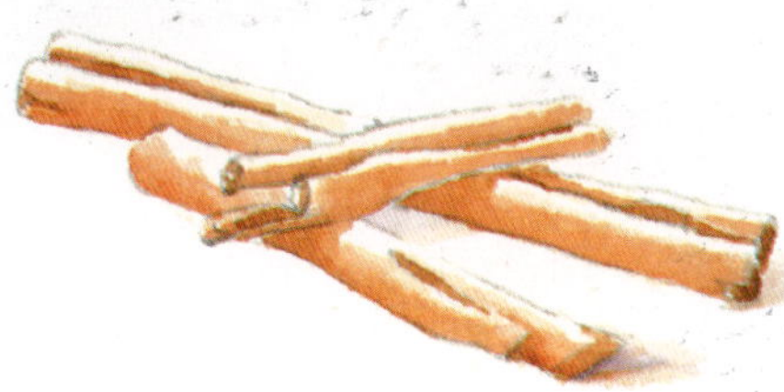

Ananas-Zimt-Scones

Durch die Verwendung von Ananassaft anstelle von Milch verstärkt sich der Geschmack, und das Gebäck enthält weniger Fett.

Für 24 Stück

ZUTATEN

115 g backfertiges Vollkornmehl (mit Triebmittel)
115 g backfertiges weißes Mehl (mit Triebmittel)
1 TL gemahlener Zimt
1 EL feinkörniger Zucker
1 Ei / 300 ml Ananassaft
75 g zerkleinerte, halbgetrocknete Ananas

Unser Tip In der Pfanne gebackene eierkuchenähnliche Scones halten sich nicht lange und sollten am besten ganz frisch verzehrt werden.

1 Eine Backplatte, schwere Bratpfanne oder einen Elektro-Bräter vorheizen. Das Vollkornmehl in eine Schüssel geben. Das weiße Mehl dazusieben, Zimt und Zucker untermischen und eine Mulde eindrücken. Das Ei und die Hälfte des Ananassafts hineingeben.

2 Das Mehl in die Flüssigkeit einarbeiten, so daß ein glatter Teig entsteht. Zuletzt den restlichen Saft und die Ananasstückchen untermischen.

3 Backplatte oder Pfanne leicht einfetten. Den Teig eßlöffelweise hineingeben. So lange backen, bis er Blasen wirft und diese anfangen, zu platzen.

4 Die Scones mit einem Streichmesser umdrehen und backen, bis die Unterseite goldbraun ist. In kleinen Mengen weiterbacken, bis der Teig aufgebraucht ist.

Bananen-Scones mit Schoko-Chips

Diese leckeren Pfannküchlein werden mit Sahne und gerösteten Mandeln serviert.

Für 16 Stück

ZUTATEN

2 reife Bananen
200 ml Milch
2 Eier
150 g backfertiges Mehl (mit Triebmittel)
25 g gemahlene Mandeln
1 EL feinkörniger Zucker
1 Prise Salz
25 g Bitterschokoladen-Chips
Butter für die Pfanne
Zum Garnieren
150 ml Schlagsahne
1 EL Puderzucker
50 g geröstete gehobelte Mandeln

Unser Tip Für Bananen-Blaubeer-Scones die Schokoladen-Chips durch 115 g frische Blaubeeren ersetzen. Heiße, in der Pfanne gebackene Teeküchlein schmecken auch wunderbar zu Eiskrem.

1 Die Bananen in einer Schüssel zerdrücken und mit der Hälfte der Milch vermischen. Die Eier unterrühren. Mehl, gemahlene Mandeln, Zucker und Salz darübersieben. Eine Mulde in das Mehl drücken und die restliche Milch hineingießen, Chips dazugeben und zu einem Teig verrühren.

2 Etwas Butter in einer beschichteten Pfanne erhitzen. Den Teig eßlöffelweise in die Pfanne geben, dabei Platz zum Breitlaufen lassen. Wenn der Teig beginnt Blasen zu werfen, umdrehen und kurz von der anderen Seite braten.

3 Die Sahne mit dem Puderzucker schlagen. Auf die Scones geben und zuletzt mit gehobelten Mandeln bestreuen.

Teatime Scones

Für 16 Stück

ZUTATEN

225 g Mehl
1 Prise Salz
½ TL Natron
1 TL Weinstein
25 g Butter
ca. 150 ml Milch oder Buttermilch

Variation Diese beliebten traditionellen Scones können durch die Zugabe von 1-2 EL Schokoladen-Tropfen oder 1-2 TL gemahlenen Zimts variiert werden.

1 Den Ofen auf 220 °C vorheizen. Ein Backblech mit Mehl bestäuben. Mehl, Salz, Natron und Weinstein in eine Schüssel sieben.

2 Die Butter einkneten, bis die Masse fein-krümelig ist. Nach und nach so viel Milch zugeben, daß ein luftig-lockerer Teig entsteht.

3 Den Teig auf eine leicht bemehlte Arbeitsfläche geben und glattkneten. 2,5 cm dick ausrollen. Mit einer in Mehl getauchten Form (5 cm Durchmesser) Kreise ausstechen. Sollen die Scones mit Herzhaftem kombiniert zum Cocktail gereicht werden, eine Form mit 4 cm Durchmesser verwenden.

4 Die Teigkreise auf das vorbereitete Blech legen und mit Milch bestreichen. 7-10 Minuten backen, bis sie gut aufgegangen und goldbraun sind.

Lavendel-Scones

Diese duftenden Scones werden traditionell mit Pflaumen-Konfitüre und Sahne serviert.

Für 12 Stück

ZUTATEN

225 g Mehl
1 EL Backpulver
50 g Butter
40 g feinkörniger Zucker
2 TL frische Lavendelblütchen oder 1 TL getrockneter, grobgehackter Speiselavendel
ca. 175 ml Milch

1 Den Ofen auf 220 °C vorheizen. Ein Backblech einfetten. Mehl und Backpulver zusammen sieben. Die Butter einkneten, bis die Masse krümelig ist.

2 Zucker und Lavendel untermischen, etwas Lavendel zum Bestreuen übrig behalten.

3 So viel Milch unterrühren, daß ein weicher, klebriger Teig entsteht. Zusammennehmen und auf eine gut bemehlte Arbeitsfläche geben.

4 Den Teig kreisförmig flachdrücken und 2,5 cm dick ausrollen. Mit einer in Mehl getauchten Form 12 Scones ausstechen.

5 Die Scones auf das vorbereitete Blech legen, mit etwas Milch bestreichen und mit dem restlichen Lavendel bestreuen.

6 10-12 Minuten goldgelb backen.

Sonnenblumen-Sultaninen-Scones

Für 10–12 Stück

ZUTATEN

225 g backfertiges Mehl (mit Triebmittel)
1 TL Backpulver
25 g Margarine
2 EL feinkörniger Zucker
50 g Sultaninen
2 EL Sonnenblumenkerne
150 g Joghurt naturell
ca. 2-3 EL Milch

1 Den Ofen auf 230 °C vorheizen. Ein Backblech leicht einölen. Mehl und Backpulver in eine Schüssel sieben und die Margarine einkneten. Zucker, Sultaninen und die Hälfte der Sonnenblumenkerne untermischen, dann den Joghurt unterrühren.

2 So viel Milch einrühren, daß ein weicher Teig entsteht.

3 Den Teig auf einer leicht bemehlten Arbeitsfläche ca. 2 cm ausrollen. Mit einer in Mehl getauchten Form (6 cm Durchmesser) Kreise ausstechen. Auf das Blech legen.

4 Mit etwas Milch bestreichen und mit den restlichen Sonnenblumenkernen bestreuen.

5 10-12 Minuten backen, bis die Scones gut aufgegangen und goldbraun sind. Auf ein Kuchengitter legen. Noch warm mit Konfitüre, Butter oder einem fettarmen Aufstrich servieren.

Vollkorn-Scones

Vollkorn-Scones schmecken nicht nur lecker, sondern sind auch gesund.

Für 16 Stück

ZUTATEN

175 g kalte Butter
225 g Vollkornmehl
115 g einfaches Mehl
2 EL feinkörniger Zucker
1 Prise Salz
2 ½ TL Backpulver
2 Eier
175 ml Buttermilch
40 g Rosinen

1 Den Ofen auf 200 °C vorheizen. Ein großes Backblech einfetten und mit Mehl bestäuben.

2 Die Butter in kleine Stücke schneiden. Die trockenen Zutaten in einer Schüssel mischen. Die Butter einkneten, bis die Masse grob-krümelig ist. Beiseite stellen.

3 Eier und Buttermilch in einer anderen Schüssel verrühren. 2 Eßlöffel zum Glasieren aufheben.

4 Die restliche Eier-Mischung in die trockenen Zutaten rühren, bis sich allmählich ein Teig formt. Die Rosinen untermischen.

5 Den Teig ca. 2 cm dick ausrollen. Mit einer in Mehl getauchten Form Kreise ausstechen. Auf das Blech legen und mit der Glasur bestreichen. Ca. 15 Minuten goldgelb backen.

6 Vor dem Auftragen etwas abkühlen lassen. Noch warm mit einer Gabel halbieren und nach Belieben mit Butter und Konfitüre bestreichen.

Orangen-Rosinen-Scones

Für 16 Stück

ZUTATEN

225 g Mehl
1 ½ TL Backpulver
75 g feinkörniger Zucker
1 Prise Salz
65 g Butter
abgeriebene Schale von 1 großen Orange
50 g Rosinen
115 ml Buttermilch
Milch zum Bestreichen

1 Den Ofen auf 220 °C vorheizen. Ein großes Backblech einfetten und mit Mehl bestäuben.

2 Die trockenen Zutaten in einer großen Schüssel vermischen. Die zerkleinerte Butter einkneten, bis die Masse grob-krümelig ist.

3 Orangenschale und Rosinen untermischen. Nach und nach die Buttermilch dazugeben und alles zu einem weichen Teig verrühren.

4 Den Teig auf einer bemehlten Arbeitsfläche ca. 2 cm dick ausrollen. Mit einer in Mehl getauchten Form Kreise ausstechen.

5 Auf das vorbereitete Blech legen und mit etwas Milch bestreichen. 12-15 Minuten goldgelb backen. Heiß oder warm servieren, dazu Butter oder Schlagsahne und Konfitüre reichen.

Unser Tip Für locker-zarte Scones sollte der Teig so wenig wie möglich durchgearbeitet werden. Wer mag, kann die Scones nach dem Abkühlen quer durchschneiden und im Toaster aufwärmen. Herausnehmen und sofort mit Butter bestreichen.

Cookies für Kinder

In diesem Kapitel sind Rezepte für Cookies zusammengestellt, die Kinder besonders ansprechen, wie z.B. Lebkuchen-Teddies, die sie aber auch selbst zubereiten können. Bei einer ganzen Reihe von Rezepten müssen die Cookies nicht einmal gebacken werden, so z.B. die Knackigen Dattel-Schnitten, Rosinen-Nuß-Häufchen und Marshmallow-Crispie-Küchlein.

Liebe Kinder - wenn Ihr Euch an die Cookie-Herstellung macht, solltet Ihr einige Regeln beachten. Dann könnt Ihr sicher sein, daß alles so gelingt, wie Ihr es Euch vorstellt. Zu Beginn die Hände waschen und abtrocknen. Wer lange Haare hat, sollte sich einen Pferdeschwanz machen. Eine Schürze ist immer gut, sie sorgt dafür, daß Eure Kleidung nicht mit den Zutaten oder dem Teig in Berührung kommt. Werft auch einen Blick auf die Arbeitsflächen, sie müssen aufgeräumt und sauber sein.

Als nächstes solltet Ihr das Rezept von Anfang bis Ende aufmerksam durchlesen. Das ist wichtig, weil Ihr dann wißt, ob auch wirklich alle Zutaten und Geräte vorhanden sind und weil Ihr noch einmal überprüfen könnt, was in welcher Reihenfolge zu tun ist. Jetzt könnt Ihr alle benötigten Geräte bereitlegen und die Zutaten aus dem Schrank holen und sorgfältig abwiegen.

Haltet Euch genau an das Rezept, und nehmt Euch ruhig Zeit. Laßt Euch nicht ablenken, weder von Geschwistern, die in die Küche kommen, noch vom Radio. Ansonsten passiert leicht ein Fehler, oder Ihr vergeßt, an welcher Stelle des Rezepts Ihr seit. Sollte das doch einmal passieren oder solltet Ihr Fragen haben, dann bittet einen Erwachsenen um Hilfe.

Müsli-Frucht-Ecken

Ein einfaches Rezept in drei Schritten: Abwiegen, Mischen, Backen.

Für 8 Stück

ZUTATEN

75 g verzehrfertige getrocknete Aprikosen in kleinen Stücken
1 geriebener Apfel
150 g Müsli
150 ml Apfelsaft
1 EL Sonnenblumenmargarine

1 Den Ofen auf 190 °C vorheizen. Alle Zutaten in eine große Schüssel geben und gut vermischen.

2 Die Mischung in eine beschichtete Form von 20 cm Durchmesser drücken. 35-40 Minuten backen, bis das Gebäck leicht gebräunt und fest ist.

3 Acht Stücke markieren und in der Form abkühlen lassen.

Knusper-Häufchen

Das ist eine Variante eines beliebten Leckerbissens, den Kinder auch selbst zubereiten können. Am besten, Sie haben die Zutaten dafür immer vorrätig.

Für 12 Stück

ZUTATEN

50 g Butter oder Margarine
50 g klarer Honig
50 g grob zerkleinerte Haferflocken
50 g verzehrfertige getrocknete Aprikosen in kleinen Stücken
1 EL getrocknete Bananen-Chips
1 EL Kokosraspel
50-75 g Cornflakes oder Reis-Crispies

1 Die Butter bzw. Margarine und den Honig in einen kleinen Topf geben und unter Rühren erwärmen.

2 Haferflocken, Aprikosen, Bananen-Chips, Kokosraspel und Cornflakes oder Reis-Crispies untermischen.

3 Die Mischung häufchenweise in 12 Papier-Förmchen geben. Auf ein Backblech oder Tablett setzen und kalt stellen, bis die Häufchen fest sind.

Unser Tip Die Zutaten können je nachdem, was gerade vorrätig ist, variiert werden - man kann z.B. auch Erdnüsse, Pekannüsse, Rosinen oder Datteln verwenden.

Rosinen-Nuß-Häufchen

Diese Cookies werden nicht gebacken. Ihre Zubereitung macht Kindern viel Spaß.

Für 24 Stück

ZUTATEN

225 g weiße Schokolade
50 g Sonnenblumenkerne
50 g Mandelstifte
50 g Sesamkörner
50 g kernlose Rosinen
1 TL gemahlener Zimt

1 Die weiße Schokolade in kleine Stücke brechen und in eine feuerfeste Schüssel geben. Über einem Topf mit heißem Wasser auf kleiner Flamme zerlassen. Das Wasser darf nicht mit dem Schüsselboden in Berührung kommen, die Schokolade wird sonst zu heiß.

2 Die Schokolade kann auch in einen mikrowellenfesten Behälter gegeben und in der Mikrowelle auf mittlerer Stufe 3 Minuten erwärmt werden.

3 Danach rühren, bis die Masse glatt ist und glänzt. Die restlichen Zutaten vermischen, die Schokolade darübergießen und alles gut verrühren.

4 Die Mischung mit einem Teelöffel in Papier-Förmchen geben und festwerden lassen.

Marshmallow-Crispie-Küchlein

Für 45 Stück

ZUTATEN

250 g Toffees
50 g Butter und 3 EL Milch
115 g Marshmallows
(weiche Schaummasse)
175 g Reis-Crispies

1 Eine 20 x 33 cm große Form mit etwas Öl einfetten. Toffees, Butter und Milch in einen Topf geben und vorsichtig erwärmen. Umrühren, bis die Toffees aufgelöst sind.

2 Marshmallows und Crispies dazugeben. Weiterrühren, bis die Marshmallows aufgelöst sind.

3 Die Mischung in die vorbereitete Form geben, gleichmäßig ausstreichen und festwerden lassen.

4 Wenn die Mischung abgekühlt und fest ist, in quadratische Stücke schneiden. In Papier-Förmchen setzen und servieren.

Knackige Dattel-Schnitten

Für 24 Stück

ZUTATEN

225 g gesüßte Vollkornkekse
75 g Butter
2 EL heller Sirup
75 g feingehackte entsteinte Datteln
75 g Sultaninen
150 g Bitterschokolade

Unser Tip Zur Garnierung können auch 75 g weiße und 75 g dunkle Schokolade zerlassen und über die Dattelmischung geträufelt werden.

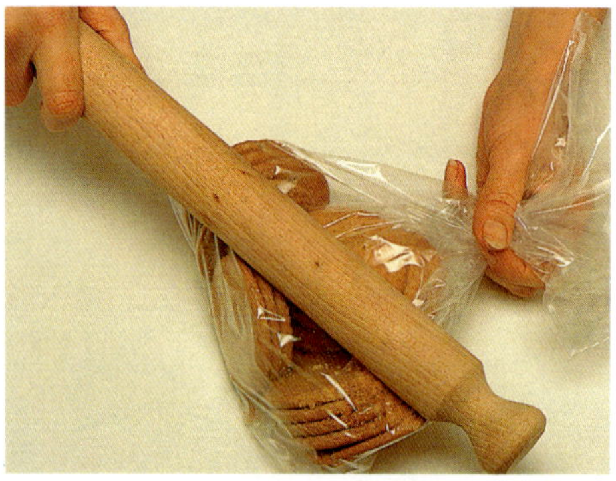

1 Eine flache quadratische Form (18 cm Seitenlänge) mit Aluminium-Folie auslegen. Die Kekse in einen Foliebeutel geben und mit dem Nudelholz grob zerkleinern.

2 Butter und Sirup in einem kleinen Topf langsam erwärmen, bis die Butter geschmolzen ist.

3 Die zerkleinerten Kekse einrühren, dann Datteln und Sultaninen. Alles gut vermischen. In die vorbereitete Form geben, mit dem Löffelrücken ausstreichen und 1 Stunde kalt stellen.

4 Die zerkleinerte Schokolade in ein feuerfestes Gefäß geben und über einem Topf mit heißem Wasser zerlassen. Rühren, bis die Masse glatt ist. Über die Cookie-Mischung geben und gleichmäßig verteilen. Kalt stellen, bis der Überzug fest ist. Die Folie aus der Form heben und abziehen.

Erdnuß-Cookies

Ist ein Picknick geplant? Steht eine Geburtstagsfeier ins Haus? Diese nussigen Cookies sollten dabei auf keinen Fall fehlen.

Für 25 Stück

ZUTATEN

225 g Butter
2 EL Erdnußbutter
115 g Puderzucker
50 g Maisstärke
225 g Mehl
115 g ungesalzene Erdnüsse

1 Butter und Erdnußbutter in einer Schüssel verrühren. Puderzucker, Maisstärke und Mehl dazugeben und alles zu einem weichen Teig verkneten.

2 Den Ofen auf 180 °C vorheizen. Zwei Backbleche mit wenig Öl einfetten. Aus dem Teig mit den Händen 25 kleine Kugeln formen. Auf die Bleche setzen, dabei genügend Platz zum Breitlaufen lassen.

3 Die Kugeln mit der Rückseite einer Gabel oder mit den Fingern flachdrücken.

4 In jeden Cookie einige Erdnüsse drücken. 15-20 Minuten backen, bis die Cookies leicht gebräunt sind. Einige Minuten abkühlen lassen, dann mit einem Streichmesser auf ein Kuchengitter legen.

Unser Tip Wer richtige "Monster"-Cookies haben will, muß größere Kugeln formen. Auch hier auf dem Blech genügend Abstand zwischen den Cookies lassen.

Schokoladen-Brote

Ältere Kinder haben bestimmt Spaß daran, diese Cookies zu backen, die wie kleine Brotlaibe aussehen.

Für 38 Stück

ZUTATEN

200 g Bitterschokolade
90 g Butter
115 g feinkörniger Zucker
3 Eier
1 TL Vanillearoma
215 g Mehl
25 g Kakaopulver
½ TL Backpulver
1 Prise Salz
175 g Puderzucker zum Dekorieren

1 Die zerkleinerte Schokolade und die Butter in einen mittelgroßen Topf geben und auf kleiner Flamme zerlassen, dabei häufig umrühren.

2 Vom Feuer nehmen. Den Zucker dazugeben und alles 2-3 Minuten verrühren, bis sich der Zucker auflöst. Die Eier einzeln dazugeben und jedes Mal kräftig umrühren. Zum Schluß das Vanillearoma unterrühren.

3 Mehl, Kakaopulver, Backpulver und Salz zusammen in eine Schüssel sieben. In kleinen Portionen zur Schokoladenmischung geben und leicht unterheben.

4 Den Teig zudecken und mindestens 1 Stunde kalt stellen, bis er kalt ist und seine Form behält.

5 Den Ofen auf 160 °C vorheizen. Zwei oder mehr große Backbleche einfetten. Den Puderzucker in eine kleine, tiefe Schüssel geben. Den Teig mit einem kleinen Eiskugel-Löffel oder einem runden Teelöffel portionieren und mit den Händen zu kleinen Kugeln von 4cm Durchmesser rollen.

6 Die Kugeln einzeln in die Schüssel mit dem Puderzucker legen und hin- und herrollen, bis sie rundum dick mit Zucker bedeckt sind. Mit einem Schaumlöffel herausnehmen, dabei leicht an die Schüsselwand schlagen, damit überschüssiger Zucker herunterfällt. Auf die vorbereiteten Bleche setzen, dabei nach allen Seiten 4 cm Abstand einhalten.

7 Die Cookies 10-15 Minuten backen, bis sich die Oberseite fest anfühlt. Das Blech für 2-3 Minuten auf einem Kuchengitter stehen lassen. Dann die Cookies mit einem Streichmesser herunternehmen und zum vollständigen Auskühlen auf ein Kuchengitter legen.

Schokoladen-Dominosteine

Eine wunderbare Überraschung zum Kindergeburtstag! Aber allein sollten sich die Kinder nicht an dieses Rezept heranwagen.

Für 16 Stück

ZUTATEN

175 g weiche Margarine
175 g feinkörniger Zucker
150 g backfertiges Mehl (mit Triebmittel)
25 g Kakaopulver, gesiebt
3 Eier
Für den Überzug
175 g Butter
25 g Kakaopulver
300 g Puderzucker
einige Lakritzstreifen und 115 g M&Ms zum Verzieren

Variation Für Ampel-Cookies den Kakao weglassen und durch weitere 25 g Mehl ersetzen. Auch den Überzug ohne Kakaopulver zubereiten, dafür weitere 25 g Puderzucker und ½ TL Vanillearoma verwenden. Den Überzug auf den Teig streichen und mit roten, gelben und grünen kandierten Kirschen verzieren, so daß die Cookies wie kleine Verkehrsampeln aussehen.

1 Den Ofen auf 180 °C vorheizen. Eine 18 x 28 cm große Backform mit etwas Öl einfetten und den Boden mit Butterbrotpapier auslegen.

2 Alle Zutaten für den Teig in eine Schüssel geben und verrühren.

3 Den Teig in die vorbereitete Form geben und mit einem Streichmesser gleichmäßig verteilen.

4 30 Minuten backen, bis der Kuchen auf leichten Druck der Fingerspitzen elastisch reagiert.

5 5 Minuten in der Form abkühlen lassen, dann die Ränder mit einem Messer lösen und den Kuchen auf ein Kuchengitter legen. Das Papier abziehen und den Kuchen abkühlen lassen. Dann auf ein Schneidebrett legen und in 16 Riegel schneiden.

6 Für den Überzug die Butter in eine Schüssel geben. Kakaopulver und Puderzucker darübersieben und alles cremig rühren. Die Masse mit einem Streichmesser gleichmäßig auf den Riegeln verteilen.

7 In der Mitte jeweils einen Lakritzstreifen eindrücken. M&Ms als Dominopunkte auflegen. Die Stücke auf einem Kuchenteller arrangieren.

Doppelkekse mit Erdnußbutter

Wer keine Erdnußbutter mag, kann stattdessen Butterkrem oder Nuß-Nugat-Aufstrich verwenden.

Für 8–10 Stück

ZUTATEN

40 g hellbrauner Zucker
50 g weiche Margarine
1 TL abgeriebene Zitronenschale
75 g Vollkornmehl
50 g kandierte Ananas in kleinen Stücken
25 g glatte Erdnußbutter
gesiebter Puderzucker zum Bestäuben

1 Den Ofen auf 190 °C vorheizen. Ein Backblech einfetten. Zucker, Margarine und Zitronenschale zusammen cremig rühren. Das Mehl dazugeben und einen glatten Teig kneten.

2 Dünn ausrollen und Kreise ausstechen. Auf das Backblech legen. Je ein Stück Ananas aufdrücken. 15-20 Minuten backen. Abkühlen lassen. Je einen Keks mit Erdnußbutter bestreichen und einen anderen daraufdrücken. Mit Puderzucker bestäuben.

Ingwerplätzchen

Wenn Ihre Kinder gern mit Ihnen zusammen backen, dann ist dieses Rezept das ideale Betätigungsfeld für sie. – Teig ausrollen oder verschiedene Motive ausstechen.

Für 16 Stück

ZUTATEN

115 g brauner Zucker
115 g weiche Margarine
1 Prise Salz
einige Tropfen Vanillearoma
175 g Vollkornmehl
1 EL Kakaopulver, gesiebt
2 TL gemahlener Ingwer
etwas Milch
Glasur und kandierte Kirschen zum Verzieren

1 Den Ofen auf 190 °C vorheizen. Ein Backblech einfetten. Zucker, Margarine, Salz und Vanillearoma verrühren, bis die Masse sehr weich und locker ist.

2 Mehl, Kakao und Ingwer einarbeiten. Wenn die Mischung zu trocken ist, etwas Milch unterrühren. Den Teig auf einer bemehlten Arbeitsfläche sanft durchkneten, bis er glatt ist.

3 Den Teig ca. 5 mm dick ausrollen. Mit in Mehl getauchten Formen verschiedene Motive ausstechen. Die Plätzchen auf das vorbereitete Blech legen.

4 10-15 Minuten backen. Auf dem Blech abkühlen lassen, bis die Plätzchen fest sind, dann zum vollständigen Auskühlen auf ein Kuchengitter legen. Mit Glasur überziehen und mit kandierten Kirschen verzieren.

Lustige Tiere

Leckere Tier-Kekse, die ganz nach Belieben verziert werden können.

Für 14 Stück

ZUTATEN

175 g backfertiges Mehl (mit Triebmittel)
½ TL Natron
½ TL gemahlener Zimt
2 TL feinkörniger Zucker
50 g Butter
3 EL heller Sirup
50 g Puderzucker
1-2 TL Wasser

Unser Tip Dieser Teig kann natürlich auch für anders geformte Plätzchen verwendet werden. Je kleiner die dabei verwendeten Ausstechformen sind, desto mehr Plätzchen erhält man.

1 Den Ofen auf 190 °C vorheizen. Zwei Backbleche leicht einölen.

2 Mehl, Natron, Zimt und Zucker in eine Schüssel geben und vermischen. Butter und Sirup in einem Topf zerlassen und über die trockenen Zutaten gießen.

3 Alles gut verrühren und dann mit den Händen einen glatten Teig kneten.

4 Den Teig auf einer leicht bemehlten Arbeitsfläche ca. 5 mm dick ausrollen.

5 Mit in Mehl getauchten Tierformen Plätzchen ausstechen und auf das Blech legen. Dabei genügend Platz zum Aufgehen lassen.

6 Die Teigreste wieder zusammenkneten, erneut ausrollen und weitere Tiere ausstechen, bis der gesamte Teig verbraucht ist. 8-12 Minuten backen, bis die Plätzchen leicht gebräunt sind. Etwas abkühlen lassen.

7 Die Kekse mit einem Streichmesser auf ein Kuchengitter legen. Den Puderzucker in eine kleine Schüssel sieben. So viel Wasser dazugeben, daß eine weiche Glasur entsteht.

8 Die Glasur in ein Spritztütchen mit einer kleinen glatten Tülle geben und die Tierfiguren nach Belieben verzieren.

Süße Halsketten

Für kleine Kinder ist die Herstellung dieses "Schmucks" zu kompliziert. Die Ketten sind ein originelles Weihnachtsgeschenk, vor allem wenn man sie hübsch in einer Schachtel oder Dose verpackt.

Für 12 Stück

ZUTATEN

1 Packung Lebkuchenteig
200 g Baiser-Glasur
rosa Lebensmittelfarbe
kleine Süßigkeiten
6 m schmales Band in Pink, Blau oder Weiß

1 Den Ofen auf 180 °C vorheizen. Zwei große Backbleche einfetten. Die reichliche Hälfte des Lebkuchenteigs auf einer leicht bemehlten Arbeitsfläche 5 mm dick ausrollen.

2 Mit einer in Mehl getauchten Form (2,5 cm) Sterne ausstechen. In regelmäßigen Abständen auf ein Backblech legen. Die Sterne in der Mitte mit einem großen Loch versehen, dazu einen Metall- oder Holzspieß verwenden. Aufpassen, daß die Sternform nicht zerstört wird.

3 Die Reste mit dem übrigen Teig verkneten. Mit den Händen zu einer Rolle von ca. 2,5 cm Durchmesser formen. In 1 cm dicke Scheiben schneiden. Mit dem Spieß ein Loch in die Mitte stechen. Auf das zweite Backblech legen.

4 Ca. 8 Minuten backen, bis die Plätzchen leicht aufgegangen sind und Farbe annehmen. Aus dem Ofen nehmen und sofort mit dem Spieß die Löcher wieder vergrößern, da der Teig beim Backen etwas breitgelaufen ist. Auf einem Kuchengitter abkühlen lassen.

5 Die Hälfte der Baiser-Glasur in ein Papier-Spritztütchen geben und die Spitze abschneiden. Die Umrisse der Sterne nachziehen. Die restliche Glasur mit der rosa Lebensmittelfarbe einfärben. In ein Papier-Spritztütchen mit Stern-Tülle füllen.

6 Die Süßigkeiten in noch kleinere Stücke schneiden.

7 Die runden Plätzchen mit den kleinen Süßigkeiten und der roten Glasur verzieren. Festwerden lassen. Das Band in 50 cm lange Stücke schneiden und auf jedes Stück einige Plätzchen ziehen.

Schoko-Zungen

Gibt es etwas Schöneres nach dem Spielen als eine Tasse heiße Schokolade und leckere Schoko-Zungen?

Für 22 Stück

ZUTATEN

115 g Margarine
3 EL Puderzucker
150 g Mehl
einige Tropfen Vanillearoma
75 g Bitterschokolade

1 Den Ofen auf 180 °C vorheizen. Zwei Backbleche leicht einfetten. Die Margarine und den gesiebten Puderzucker in eine Schüssel geben und cremig rühren. Mehl und Vanillearoma unterrühren.

2 Den Teig in einen großen Spritzbeutel mit großer Stern-Tülle füllen und 10-13 cm lange Streifen auf die vorbereiteten Bleche spritzen. 15-20 Minuten hellgoldbraun backen. Etwas abkühlen lassen. Auf ein Kuchengitter legen und vollständig auskühlen lassen.

3 Die zerkleinerte Schokolade in eine kleine feuerfeste Schüssel geben. Über heißem, aber nicht kochendem Wasser zerlassen. Die Zungen mit beiden Enden in die Schokolade tauchen, wieder auf das Kuchengitter legen und festwerden lassen. Dazu heiße Schokolade mit Sahne servieren.

Unser Tip Der Teig kann auch zu runden Keksen verarbeitet werden. Diese zur Hälfte in die zerlassene Schokolade tauchen.

Gewürz-Finger

Leichte Kekse mit extravagantem Geschmack; dafür sorgt die Verwendung von chinesischem Five-spice Powder, einer Mischung von fünf Gewürzen.

Für 28 Stück

ZUTATEN

115 g Margarine
50 g Puderzucker
115 g Mehl
2 TL Five-Spice Powder
abgeriebene Schale und Saft von ½ Orange

1 Den Ofen auf 180 °C vorheizen. Zwei Backbleche leicht einfetten. Die Margarine und die Hälfte des Puderzuckers in eine Schüssel geben und mit einem Holzlöffel cremig rühren.

2 Mehl und Gewürzmischung dazugeben und weiterrühren. Den Teig in einen großen Spritzbeutel mit großer Stern-Tülle füllen.

3 Kurze Streifen (ca. 7,5 cm) auf die vorbereiteten Bleche spritzen. Genügend Platz zum Breitlaufen lassen.

4 15 Minuten backen, bis das Gebäck leicht gebräunt ist. Etwas abkühlen lassen, dann mit einem Streichmesser auf ein Kuchengitter legen.

5 Den restlichen Puderzucker in eine Schüssel sieben. Die Orangenschale untermischen. So viel Saft dazugeben, daß eine dünnflüssige Glasur entsteht. Die noch warmen Kekse damit bestreichen.

Unser Tip Diese Kekse passen wunderbar zu Eiskrem oder Dessert-Cremespeisen.

Lebkuchen-Teddies

Diese süßen Teddies in ihren gestreiften Schlafanzügen sind ein tolles Geschenk für kleine und große Freunde. Wenn Du keine große Ausstechform zur Hand hast, kannst Du kleinere Teddies ausstechen oder eine Form für einen Pfefferkuchenmann verwenden. Wenn nötig, bitte ruhig einen Erwachsenen um Hilfe beim Verzieren.

Für 6 Stück

ZUTATEN

75 g weiße Schokolade
175 g weiße Zuckerpaste zum Ausrollen
blaue Lebensmittelfarbe
25 g Bitter- oder Vollmilchschokolade
Für den Teig
175 g Mehl
¼ TL Natron
1 Prise Salz
1 TL gemahlener Ingwer
1 TL gemahlener Zimt
65 g Butter
75 g feinkörniger Zucker
2 EL heller Sirup oder Ahornsirup
1 geschlagenes Eigelb

1 Für den Teig Mehl, Natron, Salz und Gewürze zusammen in eine große Schüssel sieben. Die zerkleinerte Butter einkneten, bis die Masse feinkrümelig ist.

2 Zucker, Sirup und Eigelb dazugeben und zu einem festen Teig verarbeiten. Leicht kneten. Einwickeln und 30 Minuten kalt stellen.

3 Den Ofen auf 180 °C vorheizen. Zwei große Backbleche einfetten. Den Lebkuchenteig auf einer bemehlten Arbeitsfläche ausrollen und mit einer in Mehl getauchten Form (13 cm) Teddies ausstechen.

4 Die Teddies auf die vorbereiteten Bleche legen. 10-15 Minuten backen, bis sie an den Rändern Farbe annehmen. 3 Minuten auf dem Backblech lassen, dann auf ein Kuchengitter legen.

5 Die Hälfte der zerkleinerten weißen Schokolade zerlassen. In ein Papier-Spritztütchen geben und die Spitze abschneiden. Eine Schablone für den Anzug der Teddies anfertigen, dazu den Umriß der Ausstechform auf Papier bringen.

6 Am Hals sowie an den Armen und Beinen abschneiden, so daß die Anzugform entsteht. Die Zuckerpaste auf einer mit Puderzucker bestäubten Arbeitsfläche dünn ausrollen.

7 Die Schablone benutzen, um die Kleidungsstücke auszuschneiden. Diese mit Hilfe der zerlassenen Schokolade an den Teddies befestigen. Aus den Resten der Zuckerpaste Ohren, Augen und Schnauzen schneiden und anbringen. Die blaue Farbe mit etwas Wasser verdünnen und die Streifen aufmalen.

8 Die restliche weiße Schokolade und die Bitter- bzw. Vollmilchschokolade in getrennten Gefäßen über heißem Wasser zerlassen. In zwei Papier-Spritztütchen geben und die Spitzen abschneiden. Mit der weißen Schokolade die Konturen des Schlafanzugs nachzeichnen. Mit der dunklen Schokolade das Gesicht aufspritzen.

Cookies zum Verwöhnen und Verschenken

Wer verspürt nicht ab und zu das Bedürfnis, sich etwas ganz besonders Gutes zu gönnen oder anderen eine Freude zu bereiten? Wer es süß und gehaltvoll mag oder etwas Außergewöhnliches verschenken will, kommt auf den nächsten Seiten bestimmt auf seine Kosten.

Eine in der eigenen Küche entstandene Köstlichkeit zu verschenken ist immer eine gute Idee. Für selbstgebackene Cookies – selbst ganz einfache – trifft das aber umso mehr zu, da die meisten von uns diese leckeren Kleinigkeiten besonders lieben. Werden dann noch Cookies verschenkt, die nicht so einfach herzustellen sind, wie z.B. Honig-Nuß-Stücke, dann sind Ihnen Freude und Anerkennung der Beschenkten ganz gewiß. Hausgemachte Cookies machen es uns jedenfalls leicht, immer ein passendes Geschenk zu finden, sei es als kleine Aufmerksamkeit oder als ganz besondere Gabe.

Die etwas komplizierteren Cookies haben auch noch eine andere, fast therapeutische Wirkung, sie lassen uns den häuslichen Alltag für einen Vor- oder Nachmittag vergessen oder bringen an einem Regentag Freude ins Haus. Keines der folgenden Rezepte ist jedoch so kompliziert, als daß es eine einigermaßen versierte Bäckerin oder ein erfahrener Hobby-Bäcker nicht bewältigen könnte.

Schokoladen-Nuß-Häufchen

Die Krönung eines festlichen Abendessens oder ein ganz besonderes Geschenk.

Für 30 Stück

ZUTATEN

550 ml Sahne
25 g Butter
350 ml heller Sirup
200 g grobkörniger Zucker
90 g hellbrauner Zucker
1 Prise Salz
1 EL Vanillearoma
425 g Haselnüsse, Pekannüsse, Walnüsse, Paranüsse oder ungesalzene Erdnüsse oder gemischte Nüsse
400 g Bitterschokolade
25 g weißes Pflanzenfett

1 Zwei Backbleche leicht einfetten. Die ersten sechs Zutaten von der obenstehenden Liste in einem mittelgroßen Topf mit schwerem Boden erhitzen, bis sich der Zucker auflöst und die Butter schmilzt. Zum Kochen bringen und unter häufigem Rühren ca. 1 Stunde kochen, bis die Karamelmasse laut Zuckerthermometer eine Temperatur von 119 °C (Weiche-Kugel-Stadium) hat.

2 Zum Beenden des Kochprozesses den Topfboden in ein Gefäß mit kaltem Wasser tauchen oder das Karamel in einen kleineren Topf geben. Abkühlen lassen, Vanillearoma unterrühren.

3 Die Nüsse einrühren. Sie müssen vollständig von Karamel eingeschlossen sein. Mit einem in Öl getauchten Eßlöffel kleine Häufchen der Nußmasse im Abstand von ca. 2,5 cm auf die vorbereiteten Bleche setzen. Wird die Mischung zu hart, wieder erhitzen.

4 Die Häufchen 30 Minuten in den Kühlschrank stellen, bis sie kalt und fest sind, oder an einem kühlen Ort festwerden lassen.

Unser Tip Wer kein Zuckerthermometer besitzt, kann folgendermaßen testen, ob das Karamel das "Weiche-Kugel-Stadium" erreicht hat. Eine kleine Menge Karamel in eine Schüssel mit kaltem Wasser geben, nach dem Herausnehmen muß sich das Karamel zwischen den Fingern zu einer weichen Kugel formen lassen.

5 Die Häufchen mit einem Streichmesser auf ein Kuchengitter setzen. Das Gitter zum Glasieren auf ein Backblech stellen.

6 Die zerkleinerte Schokolade und das Pflanzenfett auf kleiner Flamme zerlassen, dabei rühren, bis die Masse glatt ist. Abkühlen lassen.

7 Die Glasur mit einem Löffel auf die Häufchen geben und verteilen, so daß sie rundum bedeckt sind. Man kann die Häufchen auch mit einer Gabel anstechen und in die Glasur tauchen. Überschüssige Glasur durch leichtes Schlagen an den Topfrand entfernen. Wieder auf das Kuchengitter setzen. Stehenlassen, bis die Glasur fest ist.

Louisiana-Pralinen

Diese köstlich-nussige Pralinen-Variante ist ein echter Leckerbissen.

Für 30 Stück

ZUTATEN

225 g Pekannußhälften
450 g hellbrauner Zucker
200 g grobkörniger Zucker
300 ml Sahne
175 ml Milch
1 TL Vanillearoma

1 Die Hälfte der Pekannüsse grob hacken. Alle Nüsse beiseite stellen. 2-3 Backbleche mit antihaft-beschichtetem Backpapier auslegen.

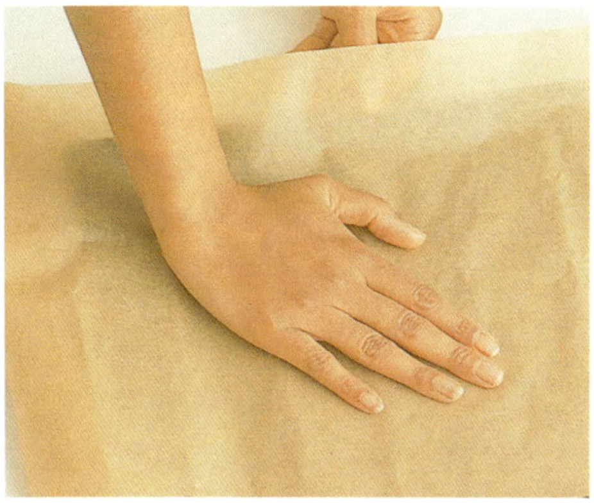

2 Beide Sorten Zucker, Sahne und Milch in einem Topf mit schwerem Boden auf mittlerer Flamme erhitzen. Umrühren, bis die Masse 119 °C bzw. das Weiche-Kugel-Stadium erreicht.

3 Sofort vom Feuer nehmen und mit einem Mixgerät oder Schneebesen schlagen, bis die Masse den Glanz verliert, cremig wird und leicht körnig aussieht. Das dauert mit dem Mixgerät ca. 5 Minuten, mit dem Schneebesen ca. 15 Minuten.

4 Vanillearoma und Nüsse unterrühren. Die Mischung eßlöffelweise auf die vorbereiteten Bleche geben und breitlaufen lassen. Bei Zimmertemperatur abkühlen und festwerden lassen. Pralinen in einen luftdicht schließenden Behälter schichten, dabei zwischen die Schichten Butterbrotpapier legen.

Knusper-Nüsse mit Schoko-Überzug

Pekannüsse und Mandeln in leckerem Karamel, dazu ein Überzug aus Bitterschokolade – wer kann da widerstehen?

Für 20–24 Stück

ZUTATEN

115 g Nußmischung aus Pekannüssen und ganzen Mandeln
115 g feinkörniger Zucker
4 EL Wasser
200 g Bitterschokolade

1 Ein Backblech leicht einfetten. Nüsse, Zucker und Wasser in einem Topf mit schwerem Boden mischen. Auf kleiner Flamme unter Rühren erhitzen, aber nicht kochen, bis sich der Zucker auflöst.

2 Auf großer Flamme zum Kochen bringen, dann die Hitze wieder reduzieren und kochen, bis die Masse kräftig-goldbraun ist und das Zuckerthermometer 148 °C anzeigt.

3 Steht kein Zuckerthermometer zur Verfügung: eine kleine Menge der Mischung in eine Tasse mit eisgekühltem Wasser geben. Die Mischung sollte so hart werden, daß man sie mit den Fingern zerbrechen kann.

4 Den Topf sofort vom Feuer nehmen. Die Mischung auf das vorbereitete Blech geben und gleichmäßig breitstreichen. Vollständig abkühlen und aushärten lassen.

5 Schokolade zerkleinern und in einem feuerfesten Gefäß über einem Topf mit heißem Wasser zerlassen. Die Nuß-Stücke zur Hälfte in die Glasur tauchen. Auf einem Blatt antihaft-beschichtetem Backpapier festwerden lassen.

Schoko-Toffee-Ecken

Diese Leckerbissen können luftdicht verschlossen bis zu zwei Wochen im Kühlschrank aufbewahrt werden.

Für 48 Stück

ZUTATEN

600 g gute weiße Schokolade
400 ml gesüßte Kondensmilch
1 EL Vanillearoma
1 ½ TL Zitronensaft
1 Prise Salz
215 g gehackte Hasel- oder Pekannüsse (wenn gewünscht)
175 g Bitterschokolade
40 g Butter
50 g zerlassene Vollmilchschokolade zum Dekorieren

1 Eine quadratische Backform (20 cm Seitenlänge) mit Aluminiumfolie auslegen. Die zerkleinerte weiße

Schokolade mit der Kondensmilch in einen Topf geben und unter häufigem Rühren auf kleiner Flamme zerlassen. Vom Feuer nehmen und Vanillearoma, Zitronensaft, Salz und - wenn gewünscht - Nüsse einrühren. Die Hälfte der Mischung in die Form streichen. 15 Minuten kalt stellen.

2 Die zerkleinerte Bitterschokolade und die Butter in einem Topf auf kleiner Flamme zerlassen und glattrühren. Vom Feuer nehmen, abkühlen lassen, auf die erkaltete weiße Schicht geben und 15 Minuten kalt stellen.

3 Die restliche weiße Mischung vorsichtig wieder erwärmen und auf der festgewordenen Bitterschokoladen-Schicht verteilen. Glattstreichen, dann 2-4 Stunden kalt stellen.

4 Die festgewordenen Gebäckstücke mit Hilfe der Folie aus der Form heben und auf ein Schneidebrett legen. Die Folie abziehen. Mit einem scharfen Messer in 24 quadratische Stücke schneiden und diese in je zwei Dreiecke teilen. Mit der zerlassenen Vollmilchschokolade dekorieren.

Honig-Nuß-Stücke

Eine beliebte italienische Spezialität, an der man im wahrsten Sinne des Wortes "kleben bleibt". Vor dem Verzehr in Quadrate oder Riegel schneiden und im Kühlschrank aufbewahren.

Für 48 Stück

ZUTATEN

115 g blanchierte Mandeln
115 g Haselnüsse
2 Eiweiß
115 g klarer Honig
115 g feinkörniger Zucker

1 Den Ofen auf die niedrigste Temperatur vorheizen. Eine quadratische Form (20 cm Seitenlänge) mit Backpapier auslegen.

2 Mandeln und Haselnüsse auf getrennten Blechen ca. 30 Minuten im Ofen rösten. Die Nüsse auf ein Tuch schütten und die braunen Schalen abreiben. Nüsse und Mandeln grob hacken.

3 Die Eiweiß steif schlagen und die gehackten Nüsse und Mandeln unterrühren.

4 Honig und Zucker in einen kleinen Topf mit schwerem Boden geben und zum Kochen bringen. Die Nußmischung unterrühren und auf mittlerer Flamme 10 Minuten kochen lassen.

5 Die Mischung in die vorbereitete Form geben und glattstreichen. Mit einem Blatt antihaft-beschichtetem Backpapier abdecken, mit Gewichten (z.B. Dosen) beschweren und mindestens 2 Tage kalt stellen.

6 Sollen Honig-Nuß-Stücke als Weihnachtsbaumschmuck verschenkt werden, kleine Stücke in antihaft-beschichtetes Backpapier packen und Geschenkpapier, Stoff oder Folie darumwickeln.

Pfefferminz-Schoko-Stäbchen

Die Kombination von Pfefferminz- und Schokoladengeschmack wird durch Kokosraspel abgerundet.

Für 80 Stück

ZUTATEN

115 g grobkörniger Zucker
150 ml Wasser
½ TL Pfefferminz-Essenz
200 g Bitterschokolade
4 EL Kokosraspel

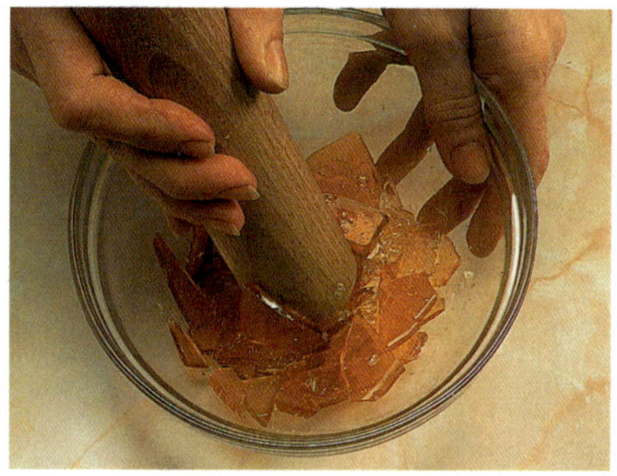

1 Ein großes Backblech leicht einölen. Zucker und Wasser in einen kleinen Topf mit schwerem Boden geben und vorsichtig erwärmen. Ab und zu umrühren, bis sich der Zucker vollständig aufgelöst hat.

2 Zum Kochen bringen und ohne Rühren kochen, bis das Zuckerthermometer 138 °C anzeigt. Den Topf vom Feuer nehmen und die Pfefferminz-Essenz dazugeben. Die Mischung auf das vorbereitete Blech gießen. Vollständig auskühlen und festwerden lassen.

3 Die festgewordene Masse in Stücke brechen, in eine Schüssel geben und mit einem Nudelholz zerstoßen.

4 Die zerkleinerte Schokolade in einem Gefäß über einem Topf mit heißem Wasser zerlassen. Vom Feuer nehmen. Pfefferminz- und Kokosraspel einrühren.

5 Ein 30 x 25 cm großes Blatt antihaft-beschichtetes Backpapier auf eine ebene Fläche legen. Die Mischung auf das Papier streichen, dabei rundum einen schmalen Rand lassen. Festwerden lassen und mit einem scharfen Messer in Stäbchen schneiden.

Schokoladen-Pfefferminz-Crisps

Wenn Sie kein Zuckerthermometer haben, können Sie folgendermaßen testen, ob Karamel das „Harte-Kugel-Stadium“ erreicht hat: Einige Tropfen in eine Schüssel mit kaltem Wasser geben. Nach dem Herausnehmen muß es sich zwischen den Fingern zu einer harten Kugel rollen lassen.

Für 30 Stück

ZUTATEN

50 g grobkörniger Zucker
50 ml Wasser
1 TL Pfefferminz-Essenz
225 g Bitterschokolade

1 Ein großes Backblech mit etwas Öl einfetten. Zucker und Wasser in eine Stielkasserolle geben und auf mittlerer Flamme erwärmen. Den Topf dabei schwenken, bis sich der Zucker aufgelöst hat. Kochen, bis das Zuckerthermometer 138 °C anzeigt. Den Topf vom Feuer nehmen, die Pfefferminz-Essenz dazugeben und zum Mischen den Topf erneut schwenken. Die Mischung auf das Blech gießen. Vollständig auskühlen und festwerden lassen.

2 Abgekühlt in Stücke brechen und zu einer krümelartigen Masse verarbeiten.

3 Zwei Backbleche mit antihaft-beschichtetem Backpapier auslegen. Die zerkleinerte Schokolade in ein kleines feuerfestes Gefäß geben und über einem Topf mit heißem Wasser auf sehr kleiner Flamme zerlassen, dabei häufig umrühren. Glattrühren, vom Feuer nehmen und die Pfefferminz-Mischung unterrühren.

4 Die Mischung teelöffelweise auf die vorbereiteten Bleche geben. Mit der Rückseite eines Löffels zu Kreisen von ca. 4 cm Durchmesser flachdrücken. Abkühlen lassen, dann 1 Stunde im Kühlschrank festwerden lassen. Die Crisps vom Papier lösen und in luftdicht verschlossen aufbewahren.

Streifen-Röllchen

Diese hübschen Biskuits können auch in anderen Geschmacksrichtungen und Farben hergestellt werden. Zum Verschenken bindet man sie am besten bündelweise zusammen und legt sie in eine Schachtel. Ideal zu Eiskrem oder leichten Desserts.

Für 25 Stück

ZUTATEN

25 g weiße Schokolade
rote und grüne Lebensmittelfarbe in Pulverform
2 Eiweiß
90 g feinkörniger Zucker
50 g Mehl
50 g Butter

1 Den Ofen auf 190 °C vorheizen. Zwei Backbleche mit antihaftbeschichtetem Backpapier auslegen. Die weiße Schokolade zerlassen und je zur Hälfte mit etwas rotem bzw. grünem Farbpulver vermischen. In zwei Papier-Spritztütchen geben. Den oberen Tütenrand umfalten und die Spitze abschneiden.

2 Die Eiweiß in eine Schüssel geben und steif schlagen. Nach und nach den Zucker dazugeben und weiterschlagen, so daß eine dicke Baisermasse entsteht. Das Mehl und die zerlassene Butter dazugeben und glattrühren.

3 Mit einem Teelöffel jeweils vier Portionen Teig auf die Bleche geben und zu dünnen Kreisen ausstreichen. Die rot- bzw. grüngefärbte Schokolade in geraden oder Zick-Zack-Linien auf die Teigkreise spritzen.

4 Je ein Blech in den Ofen schieben und 3-4 Minuten backen, bis der Teig hell-goldgelb ist. Die Biskuits mit einem Streichmesser vom Blech lösen. Damit sie weich werden, noch einmal einige Sekunden in den Ofen schieben.

5 Zwei oder drei Holzlöffel mit leicht eingeöltem Stiel sollten bereitliegen. Die Biskuits einzeln aus dem Ofen nehmen, um einen Löffelstiel wickeln und einige Sekunden festwerden lassen. Dann das zweite Blech backen.

6 Wenn die Biskuits fest sind, vom Löffelstiel schieben und auf ein Kuchengitter legen. Wie beschrieben weiterarbeiten, bis der gesamte Teig und die gefärbte Schokolade aufgebraucht ist. Immer nur ein Blech backen. Werden die Biskuits zu hart zum Formen, noch einmal für einige Sekunden in den Ofen schieben, dann werden sie wieder weich.

7 Nach dem Abkühlen mit farblich passendem Schleifenband zusammenbinden und in Gläsern, Schachteln oder Dosen verpacken.

Mandel-Röllchen

Eine vor allem in arabischen Ländern beliebte Süßigkeit, die ganz einfach herzustellen ist.

Für 40–50 Stück

ZUTATEN

200 g gemahlene Mandeln
50 g gemahlene Pistazien
50 g grobkörniger Zucker
1 EL Rosenwasser
½ TL gemahlener Zimt
12 hauchdünne backfertige Teigblätter
115 g Butter
Puderzucker zum Bestäuben

1 Den Ofen auf 160 °C vorheizen. Ein Backblech mit Butter einfetten. Mandeln, Pistazien, Zucker, Rosenwasser und Zimt vermischen.

2 Die Teigblätter in jeweils vier Rechtecke schneiden. Mit einem feuchten Tuch bedecken und immer nur ein Blatt herausnehmen.

3 Die Butter zerlassen. Ein Rechteck damit bestreichen und einen TL der Nußfüllung auf eine Schmalseite geben.

4 Die Längsseiten um die Füllung schlagen und das Teigblatt quer zu einer Zigarre rollen. So viele Röllchen herstellen, bis die Füllung aufgebraucht ist.

5 Die Röllchen auf das Backblech legen und 30 Minuten backen. Zum Abkühlen auf ein Kuchengitter legen. Mit Puderzucker bestäuben.

Basbousa

Diese orientalische Köstlichkeit mit frischer Kokosnuß kann heiß als Nachtisch oder kalt zum Tee serviert werden.

Für 12 Stück

ZUTATEN

115 g Butter
175 g feinkörniger Zucker
50 g Mehl
150 g Grieß
75 g geraspelte Kokosnuß
175 ml Milch
1 TL Backpulver
1 TL Vanillearoma
Mandeln zum Dekorieren
Für den Sirup
115 g feinkörniger Zucker
150 ml Wasser
1 EL Zitronensaft

1 Für den Sirup Zucker, Wasser und Zitronensaft zum Kochen bringen. 6-8 Minuten köcheln lassen. Abkühlen lassen und dann kalt stellen.

2 Den Ofen auf 180 °C vorheizen. Die Butter in einem Topf zerlassen. Die übrigen Zutaten dazugeben und alles gut vermischen.

3 Die Mischung in eine flache Backform gießen, glattstreichen und 30-35 Minuten backen.

4 Aus dem Ofen nehmen und in rhombenförmige Stücke schneiden. Mit dem kalten Sirup übergießen und jedes Stück mit einer Mandel dekorieren.

Grieß-Nuß-Halwa

Grieß wird im östlichen Mittelmeerraum sehr gern für Süßspeisen und Gebäck verwendet. Hier ist er Bestandteil eines lockeren Teigs, der einen köstlich duftenden Sirup förmlich aufsaugt.

Für 20–24 Stück

ZUTATEN

115 g Butter
115 g feinkörniger Zucker
fein abgeriebene Schale von 1 Orange
2 EL Orangensaft
3 Eier
175 g Grieß
2 TL Backpulver
115 g gemahlene Haselnüsse
50 g gehackte unblanchierte und geröstete Haselnüsse
50 g gehackte blanchierte und geröstete Mandeln
Schale von 1 Orange in feinen Streifen
Für den Sirup
350 g feinkörniger Zucker
550 ml Wasser
2 halbierte Zimtstangen
Saft von 1 Zitrone
4 EL Orangenblütenwasser

1 Den Ofen auf 220 °C vorheizen. Eine tiefe quadratische Backform (23 cm Seitenlänge) mit festem Boden einfetten und den Boden mit Papier auslegen.

2 Die Butter in einer Schüssel cremig rühren. Zucker, Orangenschale, Orangensaft, Eier, Grieß, Backpulver und gemahlene Haselnüsse dazugeben und alles zu einer glatten Masse verrühren.

3 In die vorbereitete Form geben und glattstreichen. 20-25 Minuten backen, bis das Gebäck goldgelb und fest ist. In der Form abkühlen lassen.

4 Für den Sirup Zucker, Wasser und Zimt in einen Topf geben. Vorsichtig erwärmen, bis sich der Zucker aufgelöst hat.

5 Zum Kochen bringen und 5 Minuten kochen lassen. Die Hälfte des Sirups in einen Krug geben und Zitronensaft und Orangenblütenwasser untermischen. Über das Halwa gießen. Den restlichen Sirup im Topf lassen.

6 Das Halwa in der Form lassen, bis der Sirup aufgesogen ist, dann auf eine Platte stürzen und in Rhombenformen schneiden. Mit den gehackten Nüssen und Mandeln bestreuen.

7 Den restlichen Sirup so lange kochen, bis er leicht eingedickt ist. Das Halwa mit dem Sirup übergießen, mit Orangenschalenstreifen und leicht geschlagener Sahne servieren.

Geschmückte Elefanten

Diese wunderschön geschmückten Elefanten sind ein tolles Geschenk für Tierfreunde, können aber auch als eßbare Dekoration zu besonderen Anlässen verwendet werden. Werden sie vor dem Backen mit Löchern versehen, kann man sie sogar an den Weihnachtsbaum hängen.

Für 10 Stück

ZUTATEN

1 Packung Lebkuchenteig
weiße Glasur
rote Lebensmittelfarbe
225 g Zuckerpaste zum Ausrollen
dragierte Schokolinsen o.ä.
goldene Liebesperlen

1 Den Ofen auf 180 °C vorheizen. Zwei große Backbleche einfetten. Aus Papier eine Schablone für den Elefanten schneiden. Den Lebkuchenteig ausrollen. Die Schablone auflegen und mit einem scharfen Messer Elefanten ausschneiden. Mit etwas Abstand auf die vorbereiteten Bleche legen, 3 Minuten backen und auf einem Kuchengitter abkühlen lassen.

2 Etwas Glasur in ein Papier-Spritztütchen mit kleiner Tülle geben. Ist keine Tülle vorhanden, Spitze abschneiden.

3 Etwas rote Lebensmittelfarbe in die Hälfte der Zuckerpaste kneten. Etwas gefärbte Paste zu Fäden rollen, zuschneiden und mit wenig Glasur an den Füßen und am Rüssel befestigen. Aus der restlichen roten Paste je ein größeres und ein kleineres flaches Oval formen. Die Ovale mit Glasur am Elefantenkopf befestigen.

4 Die weiße Zuckerpaste ausrollen. Mit einer Plätzchenform (6 cm Durchmesser) Kreise ausstechen. Die Kreise so auf den Rücken der Elefanten auflegen, daß etwa 2,5 cm Abstand zum Beinansatz besteht. Die oben überstehende Zuckerpaste abschneiden und die Kreise mit Glasur befestigen.

5 Mit der Glasur 1 cm lange Fransen um die weißen Kreise spritzen. Füße, Hals, Rüssel und Kopfschmuck mit Punkten und Linien verzieren und Augen markieren. Den unteren Rand der weißen Kreise mit Süßigkeiten dekorieren, diese in die Zuckerpaste drücken oder mit Glasur befestigen. Kopfschmuck, Süßigkeiten und weiße Zuckerpaste mit Goldperlen verzieren, die ebenfalls mit etwas Glasur befestigt werden. Mehrere Stunden kalt stellen, damit alles gut aushärtet.

Stichwortverzeichnis